MW01194057

ESTA
SOY YO

Silvia Pinal

Editorial**Porrúa**.

Esta soy yo: Silvia Pinal, 2015

© Silvia Pinal Hidalgo
© Del texto: Editorial Porrúa, SA de CV

D.R. © 2015, Editorial Porrúa, SA de CV 03
        República de Argentina 15 altos,
        Col. Centro,
        06020, México, DF

Edición, entrevistas, redacción y diseño:
José Miguel Pérez-Porrúa Suárez

Con especial agradecimiento a Gloria Elías Calles de Cantón.
También, a Denisse Bermúdez, Elsy Jiménez, Maru Mandujano, Mónica Marbán
y Efigenia Ramos, por la información y los materiales proporcionados.
A Patricia Salas y Silvia Salas, por el apoyo técnico. Por un primer borrador in-
completo de algunos capítulos y pagado bajo contrato a AMV. A Óscar González,
por el diseño de portada.

ISBN 978-607-09-2108-7 (rústica)
ISBN 978-607-09-2109-4 (cartoné)

Todos los derechos reservados.

Esta obra no puede ser reproducida total ni parcialmente, ni registrada o transmi-
tida por un sistema de recuperación de información o cualquier otro medio, sea
éste mecánico, electrónico, fotoquímico, magnético, electroóptico, por fotocopia,
o cualquier otro conocido o por conocerse, sin permiso por escrito de la editorial
y los titulares de los derechos.

Este libro se terminó de maquetar, imprimir y encuadernar el 3 de noviembre de
2015 en los talleres de Castellanos Impresión, SA de CV, Ganaderos 149, col.
Granjas Esmeralda, 09810, Iztapalapa, México, DF.

Impreso en México / *Printed in Mexico*

PRÓLOGO

La palabra diva tiene muchas acepciones, se aplica a diferentes personalidades con características diversas, además de las que los medios utilizan para calificar despectiva o asertivamente a las celebridades. Diva también significa diosa, y es justo de ella de quien quiero hablar en estas primeras páginas del libro.

Hoy en México tenemos a la última diva del medio artístico nacional en cada una de sus disciplinas. La valiente, la que entrega, la mujer, la hija, la madre, la abuela, la bisabuela y la primera actriz internacional...

Esta vez, Silvia Pinal abre el libro de su vida para compartirlo con usted, sin tapujos, sin secretos, impregnado de aventuras, de olor a amor, a sufrimiento; de sueños, de risas, de vida. Gracias a su temple supo encontrar en la soledad a una gran consejera, amiga y cómplice. Inmune al dolor y al escándalo, pero con un corazón que alberga sentimientos, ilusiones y compasiones que el matriarcado puede tener, desde Jovita, su abuela, hasta sus bisnietas, Michelle y Camila.

Heredera de una cuna de mujeres fuertes, unidas y trabajadoras, Silvia Pinal nos toma de la mano para llevarnos a recorrer sus caminos, dejando claro que con voluntad tenemos el mundo a nuestros pies.

Su belleza, catalogada como mítica, conquistó, escandalizó, provocó revuelo, incluso en el clero, las pantallas y escenarios nacionales, pero también la hizo acreedora a la adoración del viejo continente.

Silvia Pinal conoce bien las fronteras de lo familiar y lo público, supo delinear su historia sin rebasar los límites de la sangre; fábulas descubiertas, alma desnuda, mitos de la leyenda despojados con profundas realidades.

Silvia Pinal posee la fragilidad y la dulzura de los pétalos de una rosa, pero también la fortaleza de las espinas, que la han llevado a ganar todas las batallas a las que el destino la ha enfrentado.

Este es el precio que ha tenido que pagar por poseer una personalidad avasalladora, que lo mismo imponía en la política, en el mundo taurino que en cualquier lugar donde se plantaba con pisadas de fuego.

Por momentos pareciera que escondemos los recuerdos en el fondo del armario, bajo la cama o en los rincones más ocultos. Silvia Pinal hilvanó los retazos más dolorosos para vestir la más hermosa de sus creaciones… su vida.

MARA PATRICIA CASTAÑEDA

ESTA
SOY YO
Silvia Pinal

La primera vez que emprendemos algún proyecto es la que más nos cuesta; nos atemoriza, nos emociona al máximo, nos hace brincar el corazón y ponerle doble empeño para superar cualquier reto.

Esta es la primera vez que expongo mi vida en un libro, escrito para ti y para mí; en él hago una recopilación de mis anécdotas, a veces graciosas, tiernas, dulces, y otras veces dolorosas. Estos recuerdos de afectos y amores, que se entrelazan en un sinnúmero de eslabones, me han formado como mujer empresaria, artista, secretaria general, asambleísta (en primera legislatura), diputada, senadora, hija, madre, abuela y hasta bisabuela, pero sobre todo como un ser humano que ha tratado de vivir su vida sin herir a nadie.

A través de estas páginas recorrerás mi historia y la de mi México, lleno de cultura, donde nacieron grandes artistas en todos los ámbitos, que nos legaron su literatura, cine, teatro, tecnología, entre otras cosas. Un país en evolución que resguarda mi pasado y contempla mi presente. Así viví ese México, intenso, como mi trayectoria; lo disfruté, me entregué a él a través del público, de mi carrera artística y política. Todo esto me permitió vivir experiencias con grandes personalidades nacionales y extranjeras, pues Estados Unidos, Europa y Sudamérica fueron parte importante de mi trabajo cinematográfico y en televisión, donde también pasé momentos increíbles que quiero compartir.

Soy Silvia Pinal por ti, que me lees, que has seguido mi vida y mi carrera durante todos estos años; por las dos valerosas mujeres que me criaron, mi abuela y mi madre, quienes me enseñaron que la fuerza radica en el interior y solo necesitas entenderlo para seguir adelante; por mi hermosa familia llena de mujeres valientes, emprendedoras y exitosas: mis hijas, mis nietas, mis bisnietas; por Luis Enrique, mi único hijo varón.

A todos les debía esto… esta soy yo.

De izq. a der.: Tía Carmen, tía Concha, abuela Jovita, María Luisa (mamá), Tía Emma. Sentados: Tía Beatriz, tío, el único varón que murió siendo un niño, tía Graciela y yo, al centro.

HISTORIA FAMILIAR

Deseo contar cada detalle de mi vida, sin omitir nada, así que comenzaré por platicarte a partir de mi origen. Nací en Guaymas, Sonora, un puerto maravilloso de México; la raíz de esta historia se llamaba Jovita, mi abuela materna.

Ella era de buena familia, no les faltaba nada, pero tampoco eran personas ricas. De niña la enviaron a vivir con sus tíos y primas a San Pedro Tejalpan, Toluca; mi tío, el patriarca de la casa, fue gobernador del municipio. Aunque la trataban bien, no le permitieron estudiar más que lo básico. Cuando mi abuelita tenía 14 o 15 años, sostuvo una discusión con una persona del servicio, una cocinera que la hirió con "la mano" del metate dejándola permanentemente coja. Imagínate, a la edad en que todas queremos lucir bien y comenzamos a soñar con el amor… tuvo que vivir con esa discapacidad pero, ¿sabes?, ni eso ni tener pocas herramientas en la vida fueron impedimento para que ella tuviera la voluntad de abrirse puertas, ser madre y mujer de bien.

Recién casados, mi abuelita y mi abuelo Fernando decidieron dejar Toluca y trasladarse a la ciudad de México para buscar nuevas oportunidades. Procrearon siete hijos: seis mujeres y un hombre, desafortunadamente su único hijo varón murió y al poco tiempo mi abuelo también. Ella quedó viuda muy joven y tuvo que educar sola a sus seis hijas, que fueron tan responsables y valiosas como ella.

Abuela Jovita y yo.

Nada en la vida constituía un freno para mi abuelita, por el contrario, luchó siempre por sacarlas adelante: vendía parrillas de carbón, trabajaba para un señor apellidado Olvera, y fue la mejor vendedora; algo que me llena de orgullo. Luego, cuando las parrillas estuvieron en desuso y dejaron de venderse, ¡bienvenida la modernidad!, las cambiaron por estufas de petróleo y Jovita volvió a colocarse como la mejor en su puesto.

Mi abuelita, sola y viuda, se dedicó a trabajar para mantener a su familia, y con todo el esfuerzo del mundo pudo darles estudio a sus hijas, Concepción, María Luisa (mi mamá), Emma, Beatriz, Carmen y Graciela. Al final su dedicación valió la pena, todas fueron mujeres felices y de bien.

Recuerdo a mi abuelita como una persona adorable, cariñosa, altruista; le gustaba apoyar a todo el mundo, era protectora y valiente, se peleaba con la gente por defenderme. Además, como buena abuela, tenía la capacidad de ver más allá de lo superficial de la vida; fue mi guía y gran maestra. Pienso en ella siempre con gran cariño, nunca voy a olvidar nuestras comidas: un buen taco de chicharrón con chile verde y cilantro, acompañado de un plato de frijoles negros y de postre las tradicionales galletas de animalitos.

Las experiencias agradables nos parecen tan cortas, tan fugaces, pero por fortuna el recuerdo de mi abuelita se quedó en mí y me ha acompañado siempre. Gracias a mujeres como Jovita, mis tías y mi madre, aprendí a luchar y entendí el verdadero valor de la vida.

Desde el momento en que murió mi abuelo, mi familia se convirtió en un matriarcado, y hasta la fecha sigue siéndolo. Por una u otra razón, a nosotras las mujeres nos ha tocado ser las proveedoras y encargadas de sacar adelante a nuestras familias. Todas mis tías y mi madre eran muy lindas y "piernudotas"; mi tía Concha era bellísima, morena como una gitana, preciosa, delgadita, la más bonita de todas y la primera en independizarse. Esto fue básico para mi historia y mi futuro aunque, claro, yo en ese momento no había nacido aún.

Abuela Jovita, mi mamá, tía Graciela y Fito, su esposo e hijos, en la Hacienda de San Pedro Tejalpan, Toluca, Edo. de Méx.

María Luisa Hidalgo Aguilar, mamá.

MAMÁ,
VALIENTE DECISIÓN

Cuando mi madre estaba en el colegio, se enamoró. Era todavía una niña, pero ¿quién le dice que no al amor? Evidentemente, ella no lo hizo, y yo soy la prueba viviente. De cómo se conocieron mis padres y los detalles de su romance, la verdad sé muy poco, pero imagino que fue exactamente como el primer amor que todos hemos tenido: grandioso, apasionado, mágico y tan ciego que a los 15 años ya estaba embarazada. Te imaginarás todo lo que tuvo que enfrentar a su edad en esa época, siendo madre soltera y formando parte de una familia religiosa y conservadora.

Mi padre biológico, el señor Moisés Pasquel, además de director de orquesta y toda una personalidad en la XEW, era varios años mayor que mi mamá y, de pilón, casado... Claro que de esto ella se enteró mucho después; casado y con hijos. El primero, por cierto, mayor que mamá. No condeno el amor, pero sí el engaño, y aunque no me considero la indicada para juzgar, siempre he creído que hablar con la verdad, por más difícil que sea, ennoblece al ser humano.

Así que María Luisa Hidalgo Aguilar, así se llamaba mi mamá, debió afrontar sola la situación y

A mis 6 años.

Con mamá en Tequisquiapan.

tomó la más valiente decisión: tener a su bebé. Buscó a mi tía Concha, a quien antes te mencionaba, porque era independiente y de alguna manera se atrevió a romper los esquemas sociales de aquella época e irse a vivir sola, cuando la costumbre era que las hijas, mientras estuvieran solteras, permanecieran al lado de sus padres. También gracias a su apoyo juntas salimos adelante.

Mi madre hizo todo lo que pudo para criarme sin el apoyo de mi papá, de la misma forma que lo había hecho mi abuela con ella y mis tías. De un día para otro dejó de jugar a las muñecas para hacerse cargo de una niña de verdad. Su vida cambió completamente, se vio obligada a dejar la escuela y dedicarse a trabajar. Este fue otro gran suceso que marcó mi vida, saber que mi madre siendo tan joven tuvo el valor de enfrentar al mundo para hacerse cargo de mí.

Crecí acurrucada bajo el mostrador de la marisquería donde trabajaba mi madre; el negocio aún existe, se encuentra en el mismo lugar, cerca de la XEW. Algunas veces cuando paso por ahí casi puedo verme bajo el mostrador, con una caja de tiras de madera como cuna, embelesada por el vaivén de la falda de mi madre yendo de aquí para allá. Es un recuerdo que me parte el corazón, porque siendo una muchachita de 16 años ya tenía que vérselas con la vida para criar a una bebé. Ahí, entre entregas y servicios, fui la mejor alimentada, ya que mi madre me amamantó hasta los dos años, decía que por eso yo era tan sana y tragona.

Mi madre era una mujer muy bonita, le gustaba bailar, tenía unas piernas preciosas; las mujeres de mi familia, incluyendo a mis hijas, tenemos esa herencia: muy bonitas piernas. Qué humilde, ¿no?, ja, ja.

Y, la verdad, la figura de mamá tras el embarazo no se descompuso mucho, ya que entre que era muy jovencita, activa y practicaba danza, se conservó bastante bien, por lo que pudo obtener un puesto con Eva Pérez Caro, quien dirigía una compañía de danza muy importante, en la que también le dieron a mamá la oportunidad de cantar. Poco a poco la marisquería fue quedando en el olvido, pero yo seguí arrullada por el vaivén de su falda... Así que si por casualidad te has preguntado de dónde obtuve la idea de cantar, bailar y actuar te aseguro que de ella, de las historias que me contaba cuando yo era niña y del hipnótico movimiento de su falda.

Luis G. Pinal, papá

Papá,
UN LUGAR PARA
CADA COSA...

Luis G. Pinal apareció en la vida de mi madre cuando yo era muy pequeña, tendría cuatro o cinco años cuando se conocieron. Él había sido corresponsal en Hollywood y, años antes, había formado parte del ejército del general Plutarco Elías Calles. Tenía un matrimonio anterior, del cual nacieron tres niñas, que ahora, por supuesto, son adultas; viven en Estados Unidos, así que de refilón tengo familia por allá. Sé que existen, pero solo conozco a Mercedes, Eugenia y a su hija, Irene.

Mi madre siempre supo de la relación anterior del señor Pinal. Todo fue tan transparente que al poco tiempo de conocerse, el señor Pinal se convirtió en mi papá. Mi madre y él se casaron, formaron una pareja bonita aunque, como todas, con altibajos, sobre todo económicos. El señor Pinal también era coronel, contador titulado, político, periodista; en suma, un hombre culto que además hablaba varios idiomas. Crecí a su lado, me registró como su hija, Silvia Pinal Hidalgo, me dio su tiempo, su amor; al final, me crió como un auténtico padre. Su frase: "un lugar para cada cosa y cada cosa en su lugar" me ha acompañado durante toda mi vida. Su militancia priísta lo ayudó a conseguir un puesto en el partido, y eso obligó a cambiarnos constantemente de ciudades: vivimos en Puebla, Monterrey, Tequisquiapan, Acapulco, Chilpancingo y Cuernavaca.

A la izquierda: Papá Pinal con familiares.

Segundo de izq. a der.: Papá Pinal durante un mitin polí

Papá Pinal fue presidente municipal de Tequisquiapan. De esa época recuerdo poco porque era muy niña. Lo que nunca olvidaré es el aguamiel, el curado de tuna fresco y la cantidad de gente que entraba y salía de la casa para ver a la "señorita Merilú" (mi mamá), ya que sabía muchas recetas de herbolaria y las compartía con quien las necesitara. De mi papá, el peculiar sonido que emitía con sus botas de montar cuando estaba enojado; era un ruido que me hacía temblar, de solo escuchar sus pisadas corría a refugiarme en mi mamá.

***

De Tequisquiapan nos fuimos a vivir a Cuernavaca. Tengo recuerdos muy bonitos de esa época, como el día en que llegamos cargando nuestros catres para vivir en un bungalito que alquilaron mis papás; tenía un jardín muy grande, me encantaba. Ahí hice mi primera oficina, a un lado del tinaco, con una puerta desvencijada de tejamanil; yo la acondicioné, ya te imaginarás: una silla y una mesa, que me robé de la cocina. Ese fue el primer lugar que sentí como realmente propio, era solo mío, y estaba estrictamente prohibida la entrada a cualquier otra persona. Fue mi refugio, el sitio en el que me encerraba para jugar y soñar.

¿Me imaginas escribiendo versos?

Pues sí, en esa primera oficina escribía versos. Mi país, mi patria, desde niña han sido parte de mis grandes amores, así que en ese espacio pasaba las horas escribiendo hazañas y glorias de mi México.

Durante la época del colegio me convertí en la recitadora, la bailarina, la cantante; en fin, la niña a quien le gustaba brillar en los escenarios estudiantiles. Conseguí ser la estrella de la primaria; entre otras cosas, me encantaba tararear y bailar *La calle 12* (tara ra rá, tara ra rá). ¡Jugaba a ser artista! Quién iba a decirme que años después lo lograría.

Aunque fui hija única, durante algún tiempo tuve una compañera de juegos: mi prima Teté, hija de mi tía Concha, que fue como mi hermana. En Cuernavaca pasábamos muchas tardes en una casita que se llamaba Las Toyitas, nos encantaba ir a la piscina, pagábamos diez centavos por nadar. A la entrada había una señora que hacía tortillas en un comal,

15

Camino a Morelia con mis padres.

Mis papás.

siempre nos las regalaba; aunque le pedíamos que nos las vendiera, ella no aceptaba, así que lo que comíamos después de nadar eran tortillas con sal. Terminábamos congeladas por el frío, pero, eso sí, muy bien comidas.

Siempre fui muy tragona, y como mi mamá no quería darme dinero para que ya no comiera tanta porquería, tenía que ingeniármelas para conseguirlo. A veces iba a casa de mi abuela a lavarle los trastos, me subía en un cajón para hacerlo, o iba al hotel El Reloj a aventarme clavados desde la claraboya para que me pagaran y, así, comprar con mi dinero lo que más me gustaba: mi locura eran los mangos verdes con chile, los perones, las manzanas acarameladas, esquites, tunas.

Mi diversión era nadar, cantar, bailar, escribir. La verdad, no fui buena estudiante, más bien resulté una facha, pero como era la artista de la escuela, todo mundo me quería. Fue el tiempo de los primeros coqueteos, los intensos romancillos de "manita sudada", como el de Sergio o Tadeo, quien al pasar el tiempo se volvió sacerdote (no por mi culpa, él ya traía la vocación). Recuerdo mi graduación en el colegio Pestalozzi, fui la envidia, me sentía en las nubes. ¿Sabes por qué?, pues porque mi novio Sergio llegó vestido de militar, con su uniforme de gala, ¡qué guapo se veía!

Con mis padres y Cuca Miller en el puerto de Acapulco.

Mi primera comunión.

Aunque no todo era diversión, porque a veces a mi papá no le pagaban o no llegaba a tiempo la nómina y había que hacer algo para comer, entonces mi mamá me daba lo que podía para que lo vendiera, ya fuera un sombrero, una sartén o simplemente periódico; yo me las arreglaba para regresar con dinero suficiente para completar el gasto. Y tenía suerte para vender, yo creo que le caía bien a la gente por ser tan chiquita, me compraban todo lo que llevara.

Al pasar el tiempo a papá Pinal le fue mejor, nuestra situación económica era más desahogada, así que de Cuernavaca nos trasladamos al Puerto de Acapulco; se hizo socio de un pequeño hotel llamado Los Pericos. A mí me gustaba limpiar las mesas del restaurante y atender a la gente porque sabía que me dejarían propina, y eso me gustaba, tener lo mío.

Creo que eso lo heredó mi nieta Frida. Recuerdo que cuando estaba haciendo teatro con Alejandra, mi hija, Frida se salía al *lobby*, le quitaba los programas a las acomodadoras y los vendía: "Son cinco pesos por el programa" —decía—; a la gente le hacía gracia y lo compraba, luego la niña entraba a mi camerino a mostrarme su tesoro... "dinerito, dinerito",

Con mi prima Teté, mi tía Concha y su amigo en Cuernavaca.

Con Mamá en Acapulco.

me decía... Y yo pensaba, Dios mío, cómo los genes pueden, porque así era yo, juntaba mi dinero de las propinas.

En vacaciones y puentes, mamá me llevaba a casa de mi abuela, que para ese entonces ya vivía en el DF, en el Centro, en la calle 20 de Noviembre, 714, tercer piso. A mí me encantaba ir porque las vecinas me querían mucho; jugábamos a "hacer *show*" y cobrábamos la entrada de uno a cinco centavos, dependiendo el "sapo". En el *show* cantaba y bailaba igual que mis vecinas, solo que como yo tenía muy armado mi espectáculo, siempre me tocaba cerrar la función. Cuando estaban ocupadas mis vecinas o no había función, entraba al quite mi tía Graciela.

A veces mi abuela nos daba a mi tía Graciela y a mí nuestro domingo para ir al cine Teresa, que en ese entonces era uno de los mejores, nosotras guardábamos el dinero e íbamos a la sala Politeama, estaba en San Miguel 18, actualmente Izazaga y casi Eje Central, era más barato, cobraban 40 centavos, y los otros un peso. Además del cine nos alcanzaba para comprarnos después nuestras buenas flautas, tepache y rematábamos con "bisquets de chinos". Veíamos tres películas argentinas, para ese entonces ya eran viejas, en las que actuaban, entre otros, Libertad Lamarque, Carlos Gardel y Hugo del Carril. Me gustaban tanto las actuaciones que salía cantando imitando a Libertad con su "Déjame…"

Mi abuelita era muy consentidora y siempre me preparaba la comida que más me gustaba: almendrado, tortitas de papa con queso, taquitos dorados. Cocinaba como una diosa, lo mismo que mi mamá; solo mi prima Teté heredó su sazón y sus recetas. Yo también cocino, no te creas. Mi especialidad son los sándwiches y las tortas. Sí, no te rías… tiene su chiste, no es fácil hacerlos como Dios manda, y qué te digo de los caracoles que me enseñó a guisar Jeanne, la mujer de Buñuel, con mantequilla y perejil. También en Navidad me encanta preparar el tradicional bacalao, receta de mi mamá, me queda delicioso.

Fue también la época del Teatro Arbeu, iba con mi tía Concha a ver zarzuelas con la compañía de Pepita Embil, en la que hacía pequeños papeles su hijo "Placidín", ahora el tenor internacional Plácido Domingo. Claro que en ese entonces él era del coro, y yo una niña. A veces coincidimos en algún evento, pero nunca se me ha ocurrido decirle… ¿Sabes?,

De izq. a der.: Lola Beltrán, Manolo Fábregas, Plácido Domingo, Emmanuel, Ofelia Medina, Mireille Mathieu y Pedro Vargas.

yo te conocí cuando eras niño. ¿Mi zarzuela favorita?, *Las Leandras*; mi número musical consentido: *Por la calle de Alcalá*.

Conforme pasaba el tiempo, el sueño de ser actriz tomaba más fuerza. Aun cuando desde niña mis papás se dieron cuenta de mi vocación, fue un tema que nunca tratamos; a mí me daba pavor hablar con mi papá del asunto, no me atrevía a enfrentarlo. Era un hombre riguroso, y para él la disciplina y las "buenas costumbres" eran ley, veía al mundo del espectáculo como algo pecaminoso y al que definitivamente yo no pertenecía. Pasó bastante tiempo antes de que me animara a hablar con papá sobre mis aspiraciones. Mis sueños de artista se topaban con el freno del ¿y si se enoja?, ¿y si me regaña?, ¿y si me dice que no?... Pero, como dicen por ahí, más vale maña que fuerza, y yo tenía la mejor arma secreta: mi mamá. Con su ayuda logré platicar con él y convencerlo para estudiar *bel canto*.

Fue más o menos por esa época, tenía casi 11 años, cuando mi tía Beatriz estaba estudiando para ser estilista y para presentar su examen final necesitaba modelos para raparlas. Y claro que yo me dejé. ¡Oye, pagaba cinco pesos! Llegué con un gorrito a mi casa, papá se puso furioso cuando me vio. ¡Que se vaya a estudiar con otra gente!, dijo. Y me castigó, pero mi tía pasó de año gracias a mi osadía, y yo me quedé con mis cinco pesotes.

También me encantaba salir con mi tía Concha, recuerdo que en una de esas salidas me llevó a la XEW a visitar a un señor que siempre se portó muy amable y cariñoso conmigo. La verdad es que me gustaba ir a verlo, me llenaba de regalos, de esos que no podían darme en mi casa por ser demasiado costosos. El señor se llamaba Moisés Pasquel, nuestras visitas se volvieron cada vez más frecuentes. Claro que antes de ir con ella tenía que prometerle por todos los santos que no les diría a mis padres a quién visitábamos, porque me aseguraba que nos matarían a las dos. Yo en ese momento no tenía ni idea de lo que pasaba, pero estaba encantada con las visitas.

Tanta cercanía propició que un día el señor Pasquel fuera a buscar a mi madre, ni siquiera sé cómo se enteró de nuestra dirección. Una tarde se plantó en la puerta de la casa, dispuesto a hablar con ella; papá Pinal se enteró y tuvieron un disgusto muy fuerte. Los escuché discutir, los gritos se oían a un kilómetro de distancia. Sí, como de telenovela, ese día descubrí quién era el famoso señor Moisés, mi padre biológico.

La noticia me conmocionó, no entendía lo que pasaba, sin buscarlo me enteré en un segundo de mi verdadero origen. Lloré como loca, no quería escuchar a nadie. Durante un tiempo me negué a hablar con mi mamá y con papá Pinal, me sentía engañada, me dolió que me lo hubieran ocultado, pero más que nada, fue impactante enterarme de la forma en que sucedió.

Luego, mi madre me explicó las cosas, para ella también era una situación complicada y triste. Papá Pinal habló conmigo, nunca olvidaré sus palabras: "Yo soy tu papá, TU PAPÁ, Silvia. Tú eres mi hija y no hay nadie que pueda quitarme mi lugar".

Asimilar la noticia no fue nada fácil, pero la curiosidad por conocer mejor a mi verdadero padre fue creciendo. Al final, ni papá Pinal ni mi madre se opusieron a que yo lo frecuentara pese al dolor que esto les provocaba. Me dejaron verlo cuando yo quisiera…

MI PRIMERA
DECEPCIÓN

Papá Pasquel era un hombre guapo, rico, generoso y famoso. ¿Qué niña de 11 años no se habría deslumbrado con un padre así? Y yo no estaba deslumbrada, sino embobadísima, estaba muy orgullosa de él y, por supuesto, de ser su hija. Aunque en el fondo quería que las cosas fueran diferentes y que papá Pinal hubiera tenido todo lo que a papá Pasquel le sobraba.

Mi sueño de convertirme en actriz iba en aumento; bueno, la verdad es que en ese momento deseaba volverme una gran cantante de ópera, la Lily Pons era mi diva, yo quería ser como ella… Pero a medida que fui tratando más al señor Pasquel como mi papá y escuchaba algunas de las conversaciones que tenía con toda la gente que iba y venía en la XEW: actores, locutores, cantantes y actrices, descubrí un mundo nuevo. Por primera vez tuve contacto con el medio artístico al que tanto deseaba pertenecer, y fue en ese momento cuando decidí ya no solo ser cantante de ópera, ahora también sería actriz.

Con Carmen Guillén, actriz del Teatro Ideal.

Seguía visitando a mi papá, ahora con el conocimiento de mi madre, siempre acompañada de mi tía Concha, y él continuaba colmándome de regalos. Un día una nota de periódico cambió toda nuestra historia. El reportero mencionaba una hija del señor Pasquel, una jovencita muy bonita, con unas piernas preciosas que se paseaba a su lado por los pasillos de la estación, y claro, yo presumía que él, un hombre tan importante y famoso, fuera mi papá. La nota en cuestión hablaba de mí, no podía referirse a nadie más.

Pasquel era casado y seguramente la noticia también fue conocida por su familia, porque un día papá Pasquel me llamó muy serio y me prohibió que mencionara que era mi padre, dijo que lo comprometía el hecho de que se supiera que tenía una hija ilegítima y no quería que nadie de su familia se enterara y sufrieran por ello.

Más que quererlo, me había acostumbrado a él, su actitud me dolió y me rompió el corazón. Fue mi primera gran decepción, el hombre que más admiraba ahora me negaba. Era la primera vez que me sentía rechazada, y a los 11 años no entiendes por qué. Su imagen y lo que representaba murieron para mí, decidí dejar de verlo y olvidarme de su existencia. En ese momento el señor Pasquel dejó de ser mi "papá", dejó de ser el hombre admirado para convertirse en una persona como cualquier otra; más tarde me enteré de que había tenido otra hija, con una señora de Tijuana, a quien quizá también negó, como lo hizo conmigo.

Entonces aprecié más a papá Pinal, quien siempre estuvo para apoyarme y guiarme en la vida. Esa dura lección forjó mi carácter, dejé de ser la niña que fácilmente podía deslumbrarse y, lo más importante, me hizo valorar a las personas que realmente me querían y les importaba: papá Pinal y mi madre, quienes me dieron educación, apellido, las bases de una vida respetable que hasta ahora he procurado seguir y, lo más valioso, el amor incondicional de padres.

Con el tiempo, el señor Pasquel volvió a buscarme, aunque más bien lo que deseaba era un acercamiento con mi mamá, pero ella no quería nada con él, era feliz al lado de mi único padre: el señor Pinal. Yo acepté verlo aunque con desconfianza, con cautela, tanta que solo hasta el día de su muerte le volví a decir papá.

En una comida que organizó el señor Pasquel conocí a dos de sus hijos: Eugenio y Moisés. A Virginia, la otra hija, nunca la vi. Uno de ellos,

Moisés, se convirtió en publicista, algún día me topé con él por casualidad en una agencia.

"Ah" me dijo, "tú eres mi hermana, ¿verdad?"

Y las cosas no fueron más allá de ese saludo. Todos los Pasquel saben que existo, pero no tenemos ninguna relación.

* * *

En cuanto a la tía Concha, la perdí muy joven, murió de un ataque al corazón. Ni siquiera vio mi boda, y mi prima Teté, hija del señor Holder, del que no se habló mucho, prácticamente fue arrancada de nuestras vidas. Al morir mi tía Concha, el doctor Casas Alemán, que en algún tiempo había sido su novio, ofreció adoptarla ya que él no tenía hijos con su esposa, Esther (Teté) aceptó. Tuvo de todo menos amor, apenas llegó a su nuevo hogar, el doctor también murió y su madrastra la internó en un colegio, luego, y aún siendo muy joven, la malvada madrastra tenía un hermano con quien la casó, ¡pobre Teté, vivió un verdadero calvario! Nos volvimos a ver muchos años después…

Eran los primeros días de enero de 1962 y en primera plana del periódico se destacaba la noticia del bebé nacido en el primer minuto del año, con una foto de la mamá al lado de la Primera Dama, la señora de López Mateos, y canastas con regalos para la recién nacida.

Cuando vi la foto, casi me desmayo, ¡la mamá era Teté!, a quien no había visto en años.

Fui al hospital donde dio a luz y ahí pude conseguir su dirección, una vivienda cercana al aeropuerto. El reencuentro fue precioso.

Teté se divorció, no tenía una buena vida, a mí me había ido bien y le propuse ayudarla, aceptó y la coloqué como mi asistente; al poco tiempo tuvo oportunidad de hacer pequeñas apariciones en cine, como en la película *El ángel exterminador*, en la que también actúa mi hija Silvia. Era una mujer muy guapa, morena con rasgos indígenas, más de uno andaba tras de ella, como Emilio Fernández y Ricardo Montalbán.

Estuvimos juntas varios años más; luego se volvió a casar con Chava, que era maestro, tuvieron un hijo y se fueron a vivir a Morelia. Actualmente vive en el DF.

DE CALCETAS A MEDIAS

Como ya te he dicho hasta el cansancio, tenía la fuerte convicción de ser artista pero mi padre se oponía: "¡No quiero que te mueras de hambre!", me decía a regañadientes, y me aseguraba que no tendría ningún futuro si persistía con esa idea. Así que un día, harto de escuchar la misma cantaleta, llegó a un acuerdo conmigo: "Mira, hija, estudia primero algo que te asegure un porvenir, tráeme un título, ya luego haz lo que quieras..." Hice trampa, lo reconozco, quería una carrera corta, muy corta, la más cortita, y por supuesto la encontré: ¡taquimecanografía!

Tendría 12 o 13 años cuando inicié mis estudios en el Instituto Washington, debía cumplir con la promesa que le había hecho a mi papá si quería llevar a cabo mi plan, así que solo durante unos meses me dediqué de tiempo completo al colegio. Fui una muchacha rebelde y, sin duda, tenaz. Precisamente esa perseverancia me llevó a buscar otro tipo de clases a la par que estudiaba taquimecanografía, las que en verdad quería, por lo que entré a estudiar *bel canto* con el maestro Reyes Retana.

***

Mi primer golpe de suerte fue cuando llegaron a la escuela buscando entre las jóvenes estudiantes candidatas para un certamen de belleza. A mí ya me conocían porque cantaba y bailaba y me enviaron a concursar.

Gané el segundo lugar, con el título Princesa Estudiantil de México, junto con Raquel Díaz de León. En la coronación conocí a dos figuras que serían fundamentales para mi futuro: Rubén Rojo y Manolo Fábregas. Rubén y yo nos hicimos muy buenos amigos casi desde el principio; conocí a toda su familia, su hermana Pituka de Foronda; su mamá, Mercedes Pinto, y por supuesto a su hermano Gustavo.

Salí un tiempo con Rubén, que era encantador, yo era muy niña y solo fuimos amigos. Con Manolo Fábregas hubo más química, pero dejé de verlo cuando me enteré de que usaba peluquín; mi mamá fue quien me lo dijo porque yo no me había dado cuenta. "¿Cómo que te gusta? Está muy grande para ti". "No, mamá, ¿cómo crees?" "Claro que sí, hasta usa peluquín". Y la ilusión se fue al suelo, voló con su peluquín.

Era muy bueno para usarlo. Lo mandaba a hacer a Estados Unidos, había tomado clases y le enseñaron a ponérselo de manera que no se notara, y se convirtió en un experto. Pero cuando me di cuenta, y a pesar de lo guapo que era, comencé a verle todos los defectos que tenía, así que seguimos como amigos. Manolo ha sido una figura muy importante en mi vida personal y profesional. ¡Imagínate!, fui su novia por 20 días, pero su amiga toda la vida; juntos hicimos teatro, cine, televisión y siempre nos vimos con gran cariño.

Me gradué como taquimecanógrafa, y mi maestra de inglés, una yu-

Con Manolo Fábregas.

cateca muy graciosa me pasó "de panzazo". A mí eso del inglés, la verdad, nunca se me dio, ya te contaré algunas de mis experiencias con ese idioma... Años después, Conchita, quien fuera mi *miss,* fue a verme al teatro, ¡ay, ninia, qué bonita, qué bonita, mare! Yo me sentía orgullosísima de ver cómo me aplaudía cuando terminó la función.

***

Pero volviendo a los años cuarenta, y mientras continuaba con el *bel canto,* mi tía Beatriz me consiguió un empleo donde ella trabajaba, los

En la academia del maestro Reyes Retana.

laboratorios Carlos Stein, que estaban en el Centro, en la calle 5 de Febrero, en el departamento de publicidad.

Como iba directamente de la escuela al trabajo, llegaba con mi uniforme y calcetas, lo cual se me hacía de lo más normal, hasta que un día mi jefe me dijo: "Oiga, niña, mejor cómprese unas medias, porque esto parece un kínder". Con mi primera quincena me compré unas medias preciosas, y mi mamá se atacó. "¿Cómo te pones medias, si estás muy chiquita?" "Ay, mamá, me las pidieron en el trabajo", le dije. Yo me sentía divina.

Seguía estudiando *bel canto* y tuvimos una presentación, mi debut a nivel de academia con *La Traviata*. Los ensayos fueron concienzudos, agobiantes; todos estábamos absolutamente nerviosos. Cuando llegó el momento de mi participación, desafiné. El sueño de mi vida de pronto se derrumbó, estaba inconsolable, aunque el maestro me dijo que no me preocupara, que eran los nervios, que con el tiempo y estudio seguramente dominaría el escenario. A pesar de sus consejos, estaba avergonzadísima y no paraba de llorar. Uno de mis compañeros me sugirió que estudiara arte dramático para aprender a dominarme en escena, y se ofreció a recomendarme para entrar al INBA. Así fue como ingresé al primer año de la carrera, teniendo como maestros a Carlos Pellicer, Ana Mérida, Clementina Otero, Salvador Novo, Xavier Villaurrutia y Fernando Torre Lapham. Mis compañeros, aunque en grado mayor: Luis Gimeno, Héctor Gómez, Miguel Córcega, Pilar Souza, Virginia Gutiérrez, Bárbara Gil, Miguel Ángel López, entre otros.

Ahí hice mis pininos en la obra de teatro *Sueño de una noche de verano*. Mi personaje era el de una humilde dama de la corte, porque los estudiantes de primer año no teníamos derecho a papeles ni nada; sin embargo, estaba feliz de estar en el elenco y más de pisar un escenario como Bellas Artes. Yo sí que estaba contenta, pero había dos personas que no estaban tan felices con mi participación, una era Georgina Barragán, actriz principal de la obra, que me odiaba porque por accidente, mientras hacíamos una escena en la que jugábamos alrededor de ella, le pisé la cola del sombrero; la pobre trataba de recoger su larga cola cada vez que nos acercábamos, creo que nunca lo consiguió y ese sombrero, con todo y Georgina, salió volando en más de una ocasión. El otro, mi papá, que en aquel entonces era director del rastro, tenía que madrugar para estar a las cinco de la mañana en su oficina, pero se empeñaba en pasar por mí al teatro después de la función, así que no pegaba el ojo hasta pasadas las doce. El pobre vivía siempre con sueño. Un día, como no había podido verme en el escenario, ingenuamente me preguntó: "¿Y qué papel haces, hija?" "Ninguno", le respondí, "¡soy extra!" Él, muy molesto, quiso que me saliera porque el sacrificio era enorme, tenía que pasar todos los días por mí a las tantas de la noche y, encima, debía madrugar. No me salí, claro. La temporada terminó, para alivio de mi papá. La tormenta pasó pronto, yo seguí estudiando en el INBA y trabajando en el laboratorio.

Mi ortografía era pésima, siempre le preguntaba a mi tía: "¿Con qué se escribe, con 'c' o con 'z', con 'v' o con 'b' ". Era muy bruta, pero

Con el maestro Reyes Retana y mis compañeras de *bel canto*.

escribía muy bien a máquina. Un día el señor Trigos, mi jefe, un hombre maravilloso y que estaba enterado de que estudiaba actuación, me ofreció participar en un programa de radio que ellos producían para la crema Nivea. Nadie quería hacerlo porque pagaban poco y duraba solo cinco minutos. El señor Trigos me preguntó si yo podía hacerlo, ¡y claro que acepté!, sería una muy buena oportunidad para seguirme relacionando.

Era 1945 y el programa se llamaba *Dos pesos dejada*, producido para la XEQ. Mi sueldo era de 8.50 pesos. Los actores principales eran Carlota Solares y Luis Manuel Pelayo. Eran gente de oficio, fueron unos maestros sensacionales para mí, ya que en ese momento yo no sabía nada, les aprendí mucho. En él se dramatizaban situaciones que ocurrían en un taxi. A veces eran cosas fuertes y otras muy divertidas. A mí me tocaba interpretar siempre a las damitas.

Ahí aprendí que la radio, junto con el doblaje, son las disciplinas más difíciles porque tienes que proyectar las emociones de forma correcta para que la gente te crea.

En la XEW encontré a unos publicistas que ya había conocido cuando me coronaron Reina Estudiantil, entre ellos el periodista Pedro Armando Martínez, "PAM", y me dijeron que estaban buscando una actriz para un grupo de teatro experimental. Los que me veían decían que yo era un buen prospecto, pero hubo un periodista visionario que escribió en una notita: "Esta niña va a ser una gran estrella", se llamaba Enrique Rosado, que me vio en la obra de teatro experimental *Los caprichos de Goya*.

Rafael,
MI PRIMERA
OPORTUNIDAD

A los 14 años cualquiera se siente presionado en exceso por las consabidas frases paternas: "llega temprano", "cumple con todo", "no tienes permiso porque no hiciste esto o aquello", y claro, crees que salir de tu casa es la mejor opción porque finalmente serás libre. Con ese pensamiento llegué a mi primera audición para la compañía de teatro experimental. Quería darlo todo, subir y tener la estabilidad para independizarme como lo había hecho mi tía Concha.

Me presenté puntualmente a la cita, muy emocionada por mi primera gran oportunidad en teatro. El papel para el que haría la prueba era trágico, tenía que gritar, llorar y revolcarme por el suelo; había leído varias veces el libreto y me sentía

Con Rafael Banquells.

Actuando junto a Rafael Banquells en el Million Dollar de Los Ángeles.

preparada para conseguir el puesto. El director de la obra era un actor cubano con cierto nombre tanto en cine como en teatro. Cuando llegó el momento de mi audición, el director me pidió que interpretara la escena más trágica de la historia, en la que mi personaje, absolutamente abatido, lloraba y sufría a más no poder.

"A ver, niña, interprete eso", dijo el director mientras me miraba fijamente, interesado en lo que mi capacidad histriónica podría mostrarle.

Respiré, me concentré, puse todo mi empeño, pero nada. No salían las lágrimas, ni la fuerza ni el dolor que el personaje requería.

"¿Pero qué tiene usted?", preguntó, "necesito más fuerza, más garra en el personaje".

Volví a intentarlo, pero era inútil. De todo el fuego que quería

mostrarle, solo había una pequeña flamita; estaba absolutamente intimi-
dada por el director.

"No me mire usted", le dije, "le prometo que lo haré bien, pero no me
mire".

"¿Por qué?", preguntó.

"Es que me da pena", respondí avergonzada.

Debí haberle causado mucha gracia porque accedió a audicionarme
de espaldas, y mientras él escuchaba, yo interpretaba a la gran trágica,
llorando como nunca y revolcándome en el escenario, presa de todo el
dolor y el fuego que al final sí pudo salir.

Me quedé con el papel, era lo más formal que había tenido hasta entonces en mi primera compañía experimental de repertorio, en la que in-
terpretábamos una obra diferente cada semana. Dábamos dos funciones
diarias y tres los domingos.

La disciplina que me inculcara mi padre me sirvió entonces para
aprender mis papeles, para estudiarlos y complementar con clases adicio-
nales, además de los *tips* que me daba el director y primer actor de la
compañía, con quien tuve desde el principio una muy buena amistad.

Mi madre me acompañaba casi todo el tiempo a los ensayos y nunca
se separaba de mí, papá era el responsable de ir por mí al teatro en las
noches, aunque lo hacía a disgusto, apenas tenía tiempo para dormir, seguía
madrugando para ir a su trabajo en la Dirección del Rastro de la ciudad.

Los compañeros del teatro solían ir a tomar café o a cenar en grupo luego
de la función, y yo moría por acompañarlos, pero mi padre siempre estaba
puntualmente a la salida de la función. Esos lujos no me eran permitidos.
Todo esto lo sabía el director del teatro; un buen día, viendo mi frustración
al no poder acompañar a los actores, me ofreció hablar con mi papá.

"Qué va", le dije, "no lo conoces, es un hombre muy celoso y estricto,
no va a dejar que me acompañes después del teatro, sobre todo siendo
mayor que yo".

"Pues por lo mismo", me dijo, "verás que se entenderá conmigo, esta-
rás segura y va a aceptar".

Convencida de que mi padre no aceptaría, dejé que lo intentara, podía apostar que le diría que no, así que preparé el plan B: se lo presentaría a mamá antes de que él hablara con mi padre, y así lo hice.

"Mamá, ya sé que lo has visto, pero no te lo había presentado. Es Rafael Banquells, mi director de teatro". De inmediato congeniaron, él era muy culto y educado, entonces vi que sí había posibilidad de ser más libre a través de él, al fin podría hacer vida social con mis compañeros de trabajo.

Hasta ese momento no sabía lo que era el amor. Había salido con Rubén Rojo, encantador y con quien conservé siempre una gran amistad; con mi novio del colegio, a quien no volví a ver luego de mi graduación, ¡cómo amaba su traje de cadete!; con Manolo Fábregas, que como ya te había dicho no había mucha química entre su peluquín y yo, y con Miguel Córcega, tonteamos un poco pero nunca hubo nada serio.

Todos estaban donde tenían que estar, en su lugar, muy lejos de mi casa y, sobre todo, de mi papá, que era muy estricto. Hasta entonces no había tenido un novio formal, ¡qué va, me mataban! "Un lugar para cada cosa y cada cosa en su lugar", fue la primera enseñanza de un hombre que, aunque amoroso, era rígido y metódico, como buen militar. La gran intercesora entre ambos era mi madre, y, por supuesto, papá acababa cediendo aunque no dejaba de imponer sus reglas.

Esa disciplina que a una niña de pronto la ahoga es la que al final me ha enseñado la importancia de cumplir y trabajar, de esforzarme por conseguir lo que quiero y mejorar hasta perfeccionar lo que logro.

Para cuando Rafael habló con mi padre, el terreno ya estaba más que abonado, y aunque papá no estaba muy convencido, autorizó nuestras salidas. Rafael me acompañaba a las reuniones de la compañía, las cenas; en fin... una cosa llevó a la otra, y al poco tiempo los encuentros ya fueron de pareja, no de grupo. Íbamos al cine, al teatro, cuando no teníamos función; me sentía muy a gusto con él. Conocía a mucha gente del medio, me ayudó a relacionarme. Como actor y director, me llenaba de consejos para mejorar mi trabajo, y como amigo era excepcional. Lo quería, pero él se enamoró de mí, según me dijo, a primera vista.

Una de las desventajas de los grupos experimentales de teatro es no contar con un espacio fijo para ensayar, y aunque se aprendía muchísimo, siempre estábamos de prestado. Cansado de esto, Rafael habló con Carlos Laverne, el empresario del teatro Ideal, un hombre extraordinario que apostaba todo su dinero al teatro y apenas ganaba lo suficiente para pagar la nómina. Él nos dio permiso para realizar ahí nuestros ensayos.

Laverne había contratado a Rafael como director y galán de la compañía profesional titular del teatro Ideal, a veces lo ayudaba en los ensayos y siempre lo acompañaba. Era lógico que también fuera invitado a nuestros estrenos, por lo que Laverne me tenía presente hasta en la sopa. Cuando se requirió a una damita para un papel en la compañía profesional, la primera persona en quien pensó Laverne fue en mí, y pidió a Rafael que me audicionara para el papel.

La obra se llamaba *Nuestra Natacha*, mi primer papel profesional, al lado de grandes maestros, como Patricia Morán, Emperatriz Carvajal, Emilio Brillas, Jesús Valero, Isabelita Blanch y Miguel Manzano. Del teatro sí que me enamoré a primera vista, o al primer estreno.

Los padres de Rafael eran de origen español, cantantes de zarzuela y habían llegado a México debido al exilio provocado por la Guerra Civil. Rafael había nacido en Cuba durante una gira de trabajo de sus padres. Nos llevábamos increíblemente bien, él estaba separado de su primera esposa: Blanca de Castrejón, excelente actriz de cine y teatro, bastante mayor que él. El proceso de divorcio estaba más que encaminado cuando nos conocimos, y aunque su ex siempre lo amó (tanto que al morir le heredó buena parte de sus pertenencias), aceptó la ruptura.

En esa breve época de noviazgo pasé mucho tiempo en casa de sus padres, eran de verdad encantadores; con ellos aprendí muchísimo, sobre todo a apreciar la buena cocina española. De la mano de mi futura suegra aprendí a cocinar maravillas españolas, como el cocido y la tortilla. Eran personas muy relacionadas en el medio artístico, conocí a gente que ni por nacionalidad ni por edad hubiera conocido: actores, actrices y directores, que me apoyaron y me enseñaron los pequeños grandes trucos de la actuación.

Un día, y sin preguntarme nada, Rafael decidió hablar con mis padres para formalizar la relación. Yo, bueno, ya te imaginarás, me sentía orgullosísima y muy contenta. Claro, me sentía a gusto al lado de Rafael. ¿Por qué no?

Luego, todo sucedió muy rápido.

"¿Y si nos casamos?", me preguntó un día Rafael.

"…Bueno, sí, creo que sí…"

No estaba muy entusiasmada, pero en mis adentros me decía: ¿por qué no?, sería mi total libertad, sería dueña de mí, ya no entregaría cuentas a nadie, se acabarían los regaños y la rigidez militar. No estaba enamorada, pero Rafael me gustaba, me caía bien y había cosas favorables en nuestra relación. Cenaría en el restaurante Prendes todos los domingos como lo hacían las grandes celebridades, actores y *socialite* de la época; me codearía con los mejores.

¡Claro que me casaría y luciría mi vestido blanco! Era coqueta, soy coqueta y moriré coqueta. Presumí mi vestido blanco todo lo que pude. Salí de blanco de mi casa.

"No te cases, hija, no te va a gustar el matrimonio; además, es actor y la vida de los artistas es muy insegura", se cansaba de decirme mi padre, yo le respondía que estaba decidida a casarme.

"Pero estás muy chiquita, no te va a gustar", me insistía.

"Pues sí, estoy chiquita, pero me va a gustar estar casada. Verás cómo sí me adapto bien, además… además, lo amo".

¡Qué va!, no tenía edad ni idea para saber lo que era realmente el amor.

Lo quise, sí, toda mi vida. Lo quise como el padre de mi hija, como el maestro y guía, como el hombre que me ayudó y me apoyó; lo quise hasta como mi representante. Pero a los 16 años no podía saber qué es el amor, más bien era la oportunidad de liberación y de verme hermosa con mi vestido blanco, aunque Rafael me doblara la edad.

***

Me integré como dama joven en la compañía de Isabelita Blanch, con la obra *Un sueño de cristal*. Cambiábamos de obra cada semana, lo que representó en mi carrera un gran entrenamiento y me hizo adquirir la habilidad de memorizar muy rápido los parlamentos para mis posteriores trabajos. En esa época también participé en *Don Juan Tenorio*, con Jorge Mistral, que luego hice en repetidas ocasiones y diferentes temporadas con distintos actores, y en *El cuadrante de la soledad*, del maestro José Revueltas, dirigida por Ignacio Retes. Los decorados de la obra eran del maestro Diego Rivera, eso fue sensacional.

Mi primera oportunidad en cine fue en 1948, cuando el ya reconocido director Miguel Contreras Torres, quien me había visto en el estreno del teatro Ideal, me llamó para hacer un papel muy pequeñito en la película *Bamba*. Nunca olvidaré a los grandes actores y actrices con quienes tuve la oportunidad de trabajar y compartir un foro cinematográfico por primera vez: Tito Junco, Víctor Manuel Mendoza, Carmen Montejo, don Andrés Soler y Fanny Schiller.

Bamba fue mi primera película, cobré por ella 300 pesos, aunque por la terrible experiencia, la verdad, debieron pagarme mucho más. Contreras Torres me hizo sufrir lo indecible durante la filmación. No podía llorar en la escena porque simplemente la situación no me conmovía, por lo que después de algunos intentos infructuosos comenzó a insultarme y humillarme enfrente de todo mundo, gritándome todo lo que se le ocurrió, hasta que toda esa agresión provocó mi llanto. En ese momento gritó ¡acción!, la cámara empezó a correr, la toma salió maravillosa pero lo odié. Luego supe que era el sistema que utilizaba para dirigir a su mujer, la actriz Medea de Novara, y el método siempre le funcionó, ¡qué horror!

También ese año filmé *El pecado de Laura*, que estelarizaron Mercedes Barba y Abel Salazar; nos dirigió don Julián Soler, qué diferencia. Don Julián era un excelente director, sabía llevarte de la mano para que dieras exactamente lo que él quería. Un hombre muy culto y con todos los recursos y experiencia. Así que mi entrada al cine se había dado con tanta suerte, que comencé a ligar una película tras otra aunque en papeles pequeños y de damita, pero el trabajo era constante.

Gracias a mi trabajo podía darme los lujos que no había disfrutado hasta entonces. Mi pasión era la ropa, ya no tenía que comprar telas baratas para confeccionarla. Aunque mi primer sueldo en cine fue de 35 pesos diarios, era suficiente para cumplir mis pequeños caprichos, pero eso fue mientras estuve soltera...

Con Tito Junco en mi primera película, *Bamba*.

¡Y QUE ME CASO!
PRIMERA BODA

Yo hubiera querido un gran vestido blanco y una boda a todo tren, pero la realidad era otra. Planes había muchos, pero dinero, nada.

Don Mario Moreno, *Cantinflas,* tenía la misma costumbre que Chaplin: buscaba que las jóvenes de sus películas fueran principiantes. Era un gran impulso para la carrera de cualquiera, me eligió para su siguiente proyecto. Bueno, una entrada más para la boda, pensé...

La película se llamó *Puerta, joven.* Por supuesto que ni juntando los sueldos de Rafael y el mío lográbamos completar para un modesto departamento, el vestido y los gastos del matrimonio, así que se nos ocurrió pedirle a don Mario que fuera nuestro padrino de bodas y accedió. Él sabía que nuestro presupuesto era cortísimo, así que como regalo de nupcias nos dio 5,000 pesos; muy buena cantidad para poder iniciar nuestra vida en pareja. Con ese dinero compramos las mesitas de noche, los colchones, entre otras cosas. Nos ayudó muchísimo. Imagínate de qué magnitud fue la ayuda, en esa época los sueldos eran bajísimos, las localidades para el teatro valían 12 pesos y para el cine 4 pesos. La relación con Cantinflas fue maravillosa, era un hombre muy disciplinado, generoso y apoyaba mucho a los que, como yo, empezábamos y teníamos la fortuna de trabajar con él. Entre el estelar con él y el regalazo de bodas, solo faltó que me pusiera al novio.

Con Cantinflas en *Puerta, joven.*

Conseguimos un pequeño departamento en la calle Esperanza, en el mismo edificio donde vivían mis padres; tuve mucha suerte, no quería alejarme mucho de ellos.

Todo estaba muy bien planeado, según yo, para comenzar mi gloriosa vida de mujer casada. Todo iría sobre ruedas, sería la señora, libre de hacer, trabajar y vivir como yo quisiera, sin darle cuentas a mis padres. ¡Adiós al yugo familiar, a llegar temprano, a dar explicaciones! ¡Bienvenida la libertad! ¡Ja, ja!

Sí, cómo no.

Rafael fue encantador... al principio.

Empezamos sin un centavo... y seguimos así bastante tiempo. Recuerdo una vez que nos quedamos sin café ni azúcar ni dinero para comprarlo; se me hizo fácil ir al departamento de mi mamá y pedírselos. Me dio el frasco y un kilo de azúcar, pero al salir del departamento me encontré con papá, que venía del trabajo.

"¿Y eso?", me dijo mirando mis manos.

"Nos quedamos sin nada, ni para un café", le dije con una inocente sonrisa.

"Pues ya está usted casada, el café y lo demás es obligación suya y de su marido, no de sus padres", dijo quitándome amablemente el café y el azúcar de las manos.

Fue duro pero una gran lección. Comprendí que tenía derecho de hacer eso y también entendí por qué lo hacía. Ellos me darían siempre su cariño, su amor y su apoyo, pero en mi nueva vida, la que yo había elegido sin escuchar razones, debía aprender a resolver sola mis carencias, crecer y madurar.

Una vez más mi padre tuvo razón. La vida de los artistas es insegura, a veces tienes trabajo de sobra y otras nadie te recuerda; debes prepararte para las vacas flacas, y eso fue lo primero que aprendí como mujer casada. Rafael, luego de tener una estabilidad y ser director y actor titular, famoso como galán, de un día para otro algo ocurrió, dejaron de llamarlo e interesarse por él... el medio es así. De pronto los llamados para él empezaron a disminuir, mientras que para mí el trabajo iba mejor. Los papeles comenzaron a invertirse, y fue entonces cuando me convertí en la proveedora de la casa, y Rafael en mi mánager. Yo estaba por cumplir 17 años.

Con nuestro padrino, Mario Moreno, el día de mi boda con Rafael.

Un buen día descubrí que estaba embarazada, habían pasado tal vez tres meses desde mi boda y tenía mucho trabajo que no podía ni quería dejar.

Arranqué 1949 filmando tres o cuatro películas, en todas interpretando papeles pequeñitos, como en *La mujer que yo perdí*, con Pedro Infante y Blanca Estela Pavón, la primera de cuatro que filmé con Pedro. Él estaba en su mejor momento y enamorado de Blanca Estela; conmigo no hubo ni siquiera amistad, solo cortesía de compañero. *El rey del barrio*, con Germán Valdés, *Tin Tan*, que era simpatiquísimo; fue el actor más completo que México tuvo en mucho tiempo: bailaba precioso, cantaba sensacional, era un actorazo. Yo hacía a Carmelita, una muchacha pobre a la que Tin Tan protege. *Escuela para casadas*, dirigida por don Miguel Zacarías, con Rosario Granados, Luis Aldás e Isabelita Blanch. Y, finalmente, *Mujer de medianoche*, con un personaje que no era nada bueno, pero en la que pude trabajar por primera vez en cine con Ernesto Alonso, Gloria Marín y Katy Jurado.

Haciendo estas películas tuve un ingreso bastante decoroso, más o menos sobrevivimos, pero yo sabía que tenía que poner más y más

Con Tin Tan en *El rey del barrio*.

empeño para que siempre me tomaran en cuenta en los repartos; hacía teatro, ensayaba y tomaba clases de baile. Silvita se anunciaba ya, el embarazo fue muy tranquilo y, por fortuna, no tuve que disminuir mi ritmo de trabajo. Rafael estaba feliz, pero yo definitivamente no me sentía preparada.

Estaba ensayando la obra *Celos del aire* en el teatro Ideal, dirigida por Julián Soler, en la que participaba Manolo Fábregas, que se iniciaba como productor; Carlos Cores, actor argentino; Carmen Montejo; Arturo Soto; Jesús Valero; y María del Carmen Prieto, la *Chula Prieto*, era tan linda que hasta me prestó un vestido divino para ir a una fiesta. También tenía temporada en una obra llamada *La familia Barret*, con Virginia Manzano, en el Teatro Arbeu. Una obra dramática en la que había una escena en que me tiraba al piso. Cada vez que lo hacía, el apuntador (Roig, toda una institución) me gritaba histérico: "¡Silvia, se te va a salir el niño!, ¡Silvia, pareces balancín!", me decía, como buen español que era, "vas a parir, ¡coño!, ¡vete a tu casa!" Me quedaba boca abajo en el escenario, mi abultado vientre me balanceaba como un sube y baja.

Con Silvita.

Silvita,
MI PRIMER REGALO
DE VIDA

Silvita nació en un modesto hospital particular el 13 de octubre de 1950, el parto fue natural y duró horas; la niña tenía un poco de ictericia y tuvieron que ponerla en una cámara especial. A mí me dieron de alta a los pocos días, pero la niña siguió ingresada. Los gastos que teníamos planeados para el parto se incrementaron muchísimo.

Mi hija ya estaba bien, pero no podíamos sacarla del hospital, se quedó empeñada mi recién nacida hasta que pudiéramos cubrir la cuenta del hospital, y no teníamos ni idea de cómo salir de ese lío económico.

Fueron momentos difíciles, no podía trabajar por la cuarentena y lo poco que habíamos juntado antes del parto lo habíamos utilizado para el hospital y los gastos del nacimiento de nuestra bebé. Ni su familia ni la mía podían aportar más de lo que ya habían dado para el parto.

Fue Rafael el de la idea: "¿Y si hablas con Jorge Negrete? Explícale la situación, que la ANDA nos apoye, que nos den nuestra devolución de impuestos o un préstamo y con eso salimos del paso". Jorge era entonces el Secretario General de la Asociación Nacional de Actores, gremio al que ambos pertenecíamos. Además era mi amor secreto. ¡Cómo me gustaba verlo en el cine!, ¡cómo disfrutaba con su voz, su apostura. Era mi ídolo, mi máximo!... "

Buscamos a Negrete en la ANDA y nos dijeron que estaba en los Estudios Churubusco en una filmación. Había que apresurarse porque cada minuto que pasaba la niña en el hospital incrementaba el adeudo, así que decidí buscarlo en los estudios. Esperé a que hicieran el corte para comer y me acerqué temerosa a él:

"Señor", le dije casi sin voz, "perdone que lo moleste aquí, pero tengo un problema". Él continuó comiendo, sin mirarme; pude ver que a medida que le hablaba, su rostro iba cambiando y se ponía cada vez más molesto. Terminé mi exposición pidiéndole un préstamo o que intercediera por mi devolución de impuestos, lo que me habría dado lo suficiente para sacar a mi niña del hospital, pero mi decepción fue grande al escuchar la respuesta.

"Mire, niña", me dijo subiendo la voz, "yo estoy aquí trabajando, comiendo, y no puedo hacerme cargo de los asuntos del sindicato. Haga el favor de tratar sus problemas personales en la oficina.

Salí de ahí preocupada, triste y llorando, como perro con la cola entre las patas, porque la figura admirada del entonces secretario general de mi sindicato me respondió de esa forma.

Mi cariño por Jorge Negrete terminó. Puede ser que tuviera razón, pero se portó muy grosero; creo que en esas situaciones a uno le duelen más las cosas cuando estás necesitado.

Rafael y yo fuimos a la ANDA pasamos una odisea, pero nadie nos hizo caso. La respuesta de Negrete se me clavó en el corazón para siempre. Quizá por ello, cuando ingresé en la política, juré darme el tiempo para escuchar y tratar de resolver todos los problemas de la gente. Esos son cargos que no tienen horario ni oficina, son espacios que te permiten ayudar y eso hay que entenderlo, asumirlo y cumplirlo.

Al final pude conseguir el dinero para que nos entregaran a Silvita, se me ocurrió pedir un adelanto en la compañía de teatro que dirigía Manolo. En cuanto el médico lo permitió, me incorporé nuevamente la compañía y pagué el préstamo enseguida.

Gabriel Figueroa, Jorge Negrete y Mario Moreno, entre otros, en una reunión de la ANDA.

Ya una vez en casa con mi hija, mi madre me ayudó mucho con el cuidado de la bebé porque yo no sabía nada. Con mi primera hija en las manos, yo decía: "¡¿Qué hago?!, ¡se va a romper!" Mi mamá me enseñó a bañarla, a "perderle el miedo", y mi papá decía: "¡Son de chicle, no les pasa nada...!" Adoraba a Silvita, al grado que jugaba con ella y se olvidaba de que era un militar; ella sí lo "dobló".

Y si creíste que todo iría mejor.... ¡Pues no!

La carrera de Rafael seguía estancándose cada vez más, al tiempo que yo comenzaba a rechazar propuestas laborales; me sobraba el trabajo, aunque para ese entonces no era muy bien pagado. Sin saber cómo (bueno, sí supe, él no tenía un centavo) fui haciéndome cargo de las cuentas de la casa, la niñera, la muchacha, y Rafael se convirtió a su vez en mi representante...

Para 1950 hice varias películas, una tras otras: *Azahares para tu boda*, en donde aparezco casi en la última escena de la película interpretando a

Tota, una muchacha rebelde que defiende su amor fugándose con su novio y a quien su tía solterona, interpretada por Marga López, apoya y le regala su corona de azahares, que no pudo usar en su frustrada boda. Es un papel pequeñito pero vital para el cierre de la historia. *El amor no es ciego*, con David Silva y Fernando Soto, *Mantequilla*, en la que interpreto a una billetera que pierde la vista de niña y ya de mujer la recupera gracias a una operación y gana el amor de David Silva, un boxeador con quien al final se casa. *Recién casados... no molestar*, dirigida por Fernando Cortés, con don Ángel Garasa, doña Prudencia Grifell y Mapy Cortés, a quien admiraba mucho, de joven era mi ídolo, era una actriz completa, una mujer graciosa y talentosa. Y *La marca del zorrillo*, de nuevo al lado del

Con David Silva en *El amor no es cie*

maravilloso Tin Tan; mi crédito iba antes que el de Marcelo, el famoso compañero de Germán Valdés. Yo interpreto a Lupita, una criada que apenas sabe hablar bien, pero que se enamora del hijo del "bizconde"; Tin Tan hace dos papeles, padre e hijo. Ahí, Banquells hace un papel pequeñito, un oficial.

Con la crianza y cuidado de la niña estábamos más que organizadas mi mamá y yo. Mientras yo estaba en teatro con mi primer estelar, *Celos del aire*, mamá me llevaba a la niña para amamantarla.

Con Tin Tan en *La marca del zorrillo*.

Con Mapy Cortés en *Recién casados... no molestar.*

Alimentada sí que estaba, pero empezó a llorar mucho. No es que fuera enfermiza, al contrario, pero lloraba muchísimo. El doctor me preguntó cómo la alimentaba y le dije que la amamantaba.

"Trabaja, ¿verdad?", preguntó el doctor. "Sí, claro", respondí ingenuamente. "¿Y qué está haciendo?" "¡Correr...! Corro al teatro, corro al cine y corro a todos mis trabajos con mi mamá y la niña siguiéndome el paso".

Pues ahí está el problema. Le está pasando toda la tensión a la niña a través de la leche, por eso está llorando tanto. Ya no le dé leche, dele otra cosa.

Un gasto más. La fórmula para la bebé y a seguir trabajando para que alcanzara el dinero.

Yo tenía invitaciones a eventos y a cocteles a los que debía asistir para relacionarme y seguir una carrera activa y vigente, pero no puedes presentarte siempre con el mismo vestido, tienes que invertir en tu imagen, pero Rafael no me dejaba, decía que había que ahorrar, que teníamos que pagar esto o aquello; difícilmente podía vestirme con decoro.

Mi salvación fueron los abonos, ¡qué bendición son! Puedes pagar en partes cuando tienes necesidad de hacerte de tus cosas. Toñita, la modista, era flaca, de ojos muy bonitos, y se convirtió en mi ángel de la guarda, se desvivía por conseguirme lo mejorcito para vestir y me daba precio preferencial en los abonos.

¡Y que me cachan!

Gran discusión con Rafael, que si los gastos, que si las deudas, que si no alcanza... De nada valió que le argumentara lo mucho que necesitaba verme bien por mí y por mi carrera, su negativa fue rotunda. ¿Por qué?, era mi trabajo, mi dinero, mi vida...

"¡Sí... pero no!", decía.

Me prohibió terminantemente comprar, ni en abonos ni al contado, ni chicles... ¡Ah, con qué ganas habría regresado con mis papás!, pero aguanté y obedecí. Terminé comprando retazos o telas baratas para hacerme mis vestidos y estar más o menos presentable.

Me di cuenta de que la libertad que pretendía conseguir era una ilusión, tenía que mantener una casa, una niñera, una niña, un marido celoso y posesivo que era mucho más rígido que mi papá.

Más allá de mis discrepancias con Rafael, me alegraba el tiempo que pasaba con mis padres y lo mucho que querían a Silvita. Una tarde de 1951, cuando papá estaba con la niña, murió repentinamente de un infarto. Todos estábamos sumidos en el dolor; se quedó con las ganas de verme triunfar aunque ya iba destacando en mi trabajo. Desafortunadamente, la vida no le dio la oportunidad de ver todos mis logros.

Me dio miedo de que mi mamá se quedara sola, así que la convencí para que viviera con nosotros, con el pretexto de que me ayudara con la niña. En fin, aceptó, y aunque veía las presiones que yo tenía para mantener la casa, los celos y las riñas con Rafael, jamás intervino, siempre se mantuvo al margen.

Mi papá me había dejado como herencia un automóvil precioso, un Cadillac que por supuesto no podía manejar porque a Rafael le daba miedo que chocara, se empeñaba en llevarme o pasar por mí. ¡Era mi coche, pero no podía disfrutarlo! Tampoco podía darme más lujos que los que él me permitía.

"Rafael", le decía, "¿por qué no hacemos esto?", él se negaba. "Oye, vamos aquí..." "No", me decía, "vamos allá".

No tenía voz, opinión ni decisión, finalmente no era dueña ni de lo que generaba por mi trabajo. Nos habíamos cambiado a una casita sola en la calle de Altavista, cuyo alquiler, por supuesto, también pagaba yo.

No se me olvida uno de los últimos regalos que me dio Rafael. Se presentó con una cajita muy bonita; cuando la abrí, me llevé una sorpresa, el regalito era un centenario, creo que mi respuesta no era la que él esperaba. Otro gasto no, por favor, también tendría que pagarlo yo y en abonos.

Vivía haciendo cine, teatro y malabares con la economía. En 1951 no me fue tan bien en cine, solo hice dos películas: *Una gallega baila mambo*, con Niní Marshal y don Joaquín Pardavé, dos personas a quienes admiré y quise muchísimo. En la cinta interpreto a Carmina, la hija de una rica gallega que es muy ignorante, una muchacha de sociedad, que trata de entender las locuras de su madre. Y *La estatua de carne*, en la que, si bien el papel seguía siendo pequeño, ya me había ganado un crédito especial. La verdad es que el personaje no me gustó mucho, interpretaba a la esposa buena y santa de un escultor (Miguel Torruco) que enloquece por el amor de la Gioconda (Elsa Aguirre). Cuando el director, Chano Urueta, gritaba ¡corte!, mamá corría para llevarme a mi hija.

Me fui de gira con la compañía de Joaquín Pardavé, él había hecho todas las adaptaciones de sus papeles de árabe que tanto éxito tenían en cine y las montó en teatro. Fue precioso porque ¡no sabes cómo lo recibía la gente!, con qué cariño lo trataban; además, él y su esposa, Soledad Rebolledo, doña Cholita, eran un encanto. Nunca tuvieron hijos, así que a los jóvenes de la compañía literalmente nos "adoptaban". Y mi mamá detrás de mí, con la niña.

En 1952 y nueve películas después descubrí que, efectivamente, el matrimonio no me había gustado, estaba peor que en casa de mis papás porque con ellos tenía todo y me prohibían algunas cosas, pero aquí me prohibían todo, además tenía que pagar por todos. Estaba con un

Con Miguel Torruco, Fernando Soto *Mantequilla* y Leonor Baroccio en *La estatua de carne*.

segundo papá regañón que me doblaba la edad y al que quería como al padre de mi niña, como mi *mánager*, como mi papá segundo, pero al que definitivamente no amaba. No era amor, no era la pasión que yo sabía podía existir, la sensación de estar con una pareja... nada de eso había sentido al lado de Rafael.

***

Y mientras lidiaba con todos los problemas conyugales que tenía con Rafael, en ese mismo año, 1952, filmé varias películas. Había mucho trabajo, pero mucho más que pagar y deudas por liquidar. Filmé *Sí, mi vida*, con Rafael Baledón y Lilia Michel, eran encantadores y muy amigos tanto de Rafael como míos. *Cuando los hijos pecan*, escrita por Mauricio Magdaleno y dirigida por Joselito Rodríguez, en la cinta tanto Banquells como yo teníamos papeles muy pequeñitos. Yo era la hermana discapacitada y buena de una descocada Meche Barba, amante del dinero, y Banquells interpretaba a un júnior. *Por ellas aunque mal paguen*, con don Fernando Soler, Pedro y Ángel Infante, Fanny Schiller e Irma Dorantes, entre otros.

Con Tin Tan en *Me traes de un ala.*

Me traes de un ala, de nuevo con Tin Tan y dirigida por Gilberto Martínez Solares. Cómo disfruté la filmación de esta película, interpreté a Rosita Alba Vírez, una caprichosa *vedette* a quien Tin Tan junto con su amigo Narciso (Fernando Soto, *Mantequilla*) quiere complacerla a toda costa. En el mismo año, *Doña Mariquita de mi corazón*, con don Joaquín Pardavé, que se vestía de mujer, y yo de hombre, para conquistar el amor... Yo era un hombre muy "femenino", nunca pude hacer un macho, y don Joaquín, como mujer, era una verdadera facha, ja, ja... De nuevo con Pardavé filmé *El casto Susano*, mi crédito iba subiendo y estaba a la par que el de don Joaquín. Interpretaba a Mimí, una famosa *vedette* que le sacaba todo el dinero que podía a don Susanito Peñafiel, a quien ella

Con Óscar Pulido y Joaquín Pardavé en *Doña Mariquita de mi corazón*.

Con Fanny Schiller y Gloria Mange en *El casto Susano*.

llama querubín. También actuaban en la cinta Antonio Aguilar, Gloria Mange, Fernando Fernández y Fanny Schiller.

Y dos películas muy importantes para mi carrera y la historia cinematográfica de México, del director Rogelio A. González: *Un rincón cerca del cielo* y *Ahora soy rico*, las dos se hicieron al mismo tiempo (1952), con Pedro Infante y Marga López. Por *Un rincón cerca del cielo* recibí mi primer Ariel, por coactuación femenina. No me esperaba menos después del "cachetadón" que me puso don Andrés Soler al hacer una de las escenas, el director le dijo a don Andrés: "Por favor, quiero una bofetada que la tire..." ¡Y me tiró!, estuve sorda como tres meses.

Con Andrés Soler y Pedro Infante en *Un rincón cerca del cielo.*

Con Gloria Elías Calles.

Durante esa época, por una casualidad que el destino me tenía reservada, en una despedida de solteros de Armando Calvo y Martha Roth, que se iban a casar y se la pasaban con despedidas y despedidas, pero nunca lo hicieron —por cierto, jamás me regresaron todas las toallas que les regalé, ja, ja, ja—, conocí a Gloria, iba acompañada de Lilia Michel, la famosa "chica del suéter", era muy "mona". Gloria Elías Calles, *La Gorda*, se convertiría en mi mejor amiga, una mujer encantadora, desenvuelta y muy simpática. Congeniamos desde el principio y nos hicimos inseparables. Ella trabajaba para los Azcárraga y su jefe era Othón Vélez.

Con Gloria Elías Calles.

¡POR FIN... DUEÑA DE MIS QUINCENAS!

Un día, aburrida de todo eso, le dije mientras comíamos la sopa: "¿Sabes qué, Rafael? Esto ya no me gustó, me quiero divorciar". "¿Qué...?", hasta se le cayó la sopa. "Me quiero divorciar, ya no quiero vivir así, estoy peor que con mi papá".

Reconozco que fue un golpe terrible para él, quizá fui egoísta, pero creo que tenía derecho a separarme y buscar mi felicidad. La situación a su lado cada día estaba peor, y por más ganas que le hubiera puesto para conservar nuestro matrimonio, la separación se hubiera dado tarde o temprano.

Con Rafael y Silvita Banquells.

Me costó mucho que Rafael me dejara tranquila porque me quería mucho y me buscaba, no aceptaba el divorcio. Llegó al punto de decirme "haz lo que quieras, pero no me dejes", por supuesto que me negué, ya no podía vivir así, quería ser libre.

Mi madre se había vuelto a casar con otro militar, pero esta vez campeón olímpico de equitación, Joaquín Hermida. Un alvaradeño muy guapo, morenote. Se fueron a vivir a provincia, a Silao, Guanajuato, por lo que ya no contaba con la ayuda de mi mamá, estaba sola con mi niña. Dejé la casa que compartía con Rafael y me fui con Silvita a una en Tlalpan, en la calle Cruz Verde. Estaba tan escondida, que ni yo sabía cómo llegar. Fue a propósito, te lo juro, quería un lugar donde Rafael no me encontrara.

Era una casita divina, con un gran jardín en la que fui muy feliz, tenía un cuartito pequeño en la parte de atrás, donde puse mi estudio y ahí tomaba clases de baile, estudiaba mis libretos y ensayaba. Yo juraba que ahí no nos encontraría Rafael. ¡Qué va!, si hasta yo me perdía para llegar. Pero estaba equivocada, Rafael me encontró rapidísimo; no podía escapar de él por más que me escondiera.

Si Rafael hubiera tomado la investigación como segunda carrera, nos habría ido muy bien, porque solo le tomó dos días encontrarme. Pasaba horas tocando la puerta esperando que saliera, a veces insultándome, otras veces rogándome. Le costó trabajo entender que no volvería con él. Al final tuvo que asumir que todo había terminado, se resignó y me dejó vivir sola.

Rafael me chantajeaba un poco con la firma del divorcio, la situación con él estaba bastante tensa y, aun así, teníamos que vernos casi a diario. Ya que estábamos asociados en nuestra primera producción teatral *Anna Christie*, del dramaturgo estadounidense Eugene O'Neill, en el teatro 5 de diciembre, con la dirección de Tulio Demicheli. Yo actuaba un papel muy fuerte, junto a Felipe Montoya y Wolf Rubinsky. Fue tal el éxito que Rafael y yo tuvimos que unirnos como empresarios; años después nos volvimos a asociar para producir una nueva obra *La sed*, con Pedro López Lagar y Ernesto Alonso. Una obra que me dejó un gran éxito, pero sobre todo la gran amistad de Ernesto. Tiempo después regresé a trabajar con Ernesto en la obra *Dos en el sube y baja*.

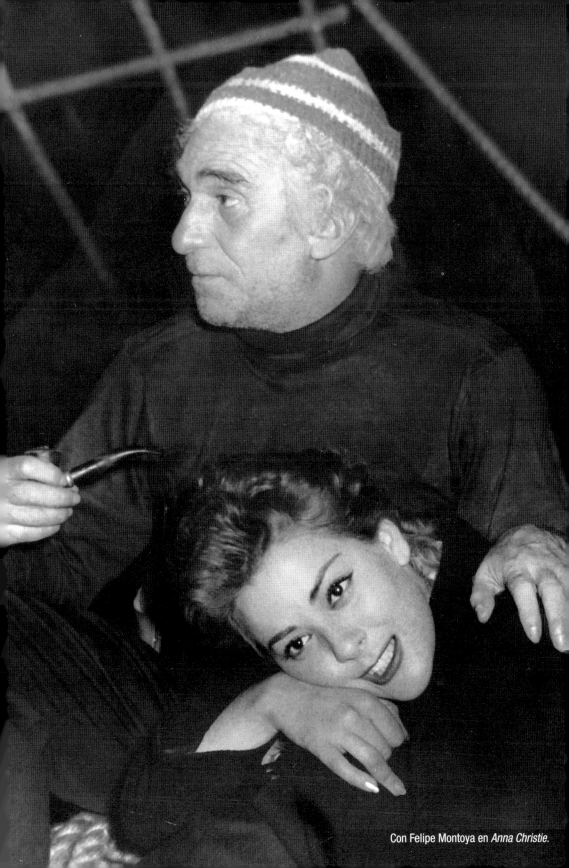

Con Felipe Montoya en *Anna Christie.*

Con Wolf Rubinsky en *Anna Christie*.

Para ese entonces ya había traído a mi abuelita Jovita conmigo. Mi última tía soltera, Graciela, estaba por casarse; mi abuelita quedaría sola, así que la llevé a mi casa, para alegría de Silvita y mía. También traje conmigo a un sobrino pequeño para que mi hija no creciera sola y a Lupe, la muchacha de servicio, que se embarazó "misteriosamente" mientras su marido estaba de bracero. Me pidió permiso para ir a su pueblo y a los 10 días regresó con una niña. No podía volver a su casa porque su suegra la mataría y había pensado que yo podría hacerme cargo de la pequeña. Mi situación no estaba para cuidar a una recién nacida, así que le rogué a mi madre, quien había tenido un intento de embarazo pero no se logró, que ella y

De arriba hacia abajo: Mi mamá con Viridiana, Alejandra y sus hijas adoptivas, Laura y Patricia.

Con Ernesto Alonso.

Joaquín, su marido, la adoptaran. Luego, Lupe volvió a "meter la pata", y ¿quién crees que adoptó a la segunda niña? Claro, mi mamá. Las niñas se llamaron Laura y Patricia.

***

Después de mi divorcio muchos amigos se alejaron; sin embargo, la amistad de los Baledón prevaleció, les encantaba organizar fiestas y reuniones con actores y gente de su trabajo. Yo iba casi siempre acompañada con Ernesto Alonso. Ahí se hicieron amistades y enemistades. Emilio Azcárraga era la manzana de la discordia, de él contaré más adelante. Por Emilio, Rosa Arenas y yo no nos llevábamos bien, pero yo tenía a mi aliada, Gloria, la "pinche Gorda", que siempre me defendía.

Rafael era un buen hombre, tal vez su problema fueron los celos. Tiempo después su situación laboral y económica mejoró con la consolidación de la televisión, e inició con Dina de Marco una relación amorosa; los comentarios de los conocidos eran que se parecía mucho a mí. Con el paso de los años, Rafael y yo logramos limar nuestras diferencias y consolidamos una buena amistad que nos permitió trabajar en varios proyectos juntos y, lo más importante, estar al pendiente y cuidado de nuestra hija.

Con Rafael Banquells.

Con Silvita.

MI PRIMER ESTELAR

Llegar a los estudios era todo un acontecimiento, en el departamento de maquillaje había unas sillitas para los que teníamos papeles pequeñitos, y unos sillones enormes, como de peluquero, para las estrellas. Yo soñaba con el momento de ocupar uno de esos sillones y ser la actriz principal.

Tras filmar con Cantinflas *Puerta, joven* y *El rey del barrio* con Tin Tan, firmé contrato de exclusividad con el entonces zar del cine nacional: Gregorio Wallerstein. Era 1953 y con cinco películas ese año, más el primer Ariel, estaba claro que para Wallerstein yo era una muy buena inversión.

El contrato fue, en principio, por tres años, en el que se estipulaban tres películas anuales con un sueldo de 9,000 pesos por cada una. Por fin había conseguido ser maquillada en uno de esos enormes sillones, y ¿qué crees?, me di cuenta de que las sillas pequeñas eran más cómodas que las otras.

Con estelares como damita ingenua, alterné con Libertad Lamarque, Marga López, Tony Aguilar, Miguel Torruco, Fernando Fernández y Pedro Infante.

Con Libertad Lamarque en *Si volvieras a mí.*

Y ya sé lo que me vas a preguntar: "¿y Pedro cómo era, fue tu novio?"
Era muy simpático, bromista y comelón… era divino. No fue mi novio,
fuimos conocidos y luego amigos; lo traté bastante porque hicimos algunas películas juntos. Era educado, muy lindo y, sobre todo, era un actor
sensacional, pero novios nunca, yo estaba interesada en otra persona.

Pedro me buscó varias veces, pero yo no quería salir con él porque no
me gustaba ir en moto, y él la adoraba. A veces me esperaba afuera de mi
casa, pero yo siempre tenía compromisos, así que nunca estaba. Cuando
le hablaba por teléfono a mi abuelita para saber cómo estaba todo en casa,
ella me decía: "Hija, aquí está el señor Infante, esperándote. ¿Qué le
digo?" "¡Pues que se coma unos tacos, porque voy a llegar tardísimo y
muy cansada". Imagínate, mientras tanto yo de fiesta con mi amiga Gloria y su novio Felipe, quien más adelante fue su esposo, y Emilio Azcárraga en el restaurante Monte Casino, de la Zona Rosa. Recuerdo también
que en algunas ocasiones hacíamos que Felipe lo llamara para disculpar-
me, le decía: "Ay, señor Infante, qué gusto, figúrese que seguimos esperando a Silvia, no ha salido, sigue grabando…" ¡Mi abuelita lo adoraba!,

Con Aurora Segura, Óscar Pulido, Biondi y Antonio Aguilar en *Reventa de esclavas*.

siempre lo invitaba a comer, y a él por supuesto le encantaba. ¿Y yo...? Nunca estaba en casa.

Como era muy bromista, habrá dicho: esta me la va a pagar, y se la pagué. Un día que salí con una amiga busqué mi auto y no lo encontré, era un Hilman Minx verde, tenía que llegar a los estudios a las 7, y ya eran las 6:30 a.m., estaba desesperada. Pedro, como "buen samaritano", se hizo el aparecido. No me quedó más remedio que aceptar irme con él en moto... ¡Horror!, llegué con el cabello alborotado por el aire, ¡como de bruja! Luego me confesó que él había mandado a esconder mi autor y a quitarle las llantas, dejarlo sobre cuatro cajones, para que me fuera en su motocicleta. Te lo juro, fue la primera y última vez. Pedro fue un gran hombre y seguirá siendo siempre una de las grandes figuras que México ha tenido.

***

En 1953 estaba filmando *Reventa de esclavas*, una película de corte musical, al lado de Tony Aguilar, en la que encabezo el reparto. El filme

no es muy bueno, pero por primera vez tenía el primer crédito. En verdad que me sentí orgullosísima. *Mis tres viudas alegres*, con Resortes, Amalia Aguilar y Lilia del Valle. *Yo soy muy macho*, de nuevo vestida como hombre, pero enamorada del personaje que hacía Abel Salazar, es una película preciosa. *Si volvieras a mí*, con Libertad Lamarque y Miguel Torruco, en la que yo interpretaba a la señora Kane, una mujer muy fría que le arrebata el marido a la protagonista. Y finalmente, de nuevo junto a Lilia del Valle y Amalia Aguilar, *Las cariñosas*, una comedia musical muy bonita donde hacía dos papeles, una dama joven y su abuelita. Recuerdo que en el papel de la abuelita cantaba y bailaba una tonada de 1900, mientras que interpretando a la nieta la hacía más movidita. Durante la filmación de esta película me avisaron que había ganado el Ariel por la coactuación femenina en *Un rincón cerca del cielo*, y ¿qué crees?, no pude ir a recibirlo... Me dio mucha pena no poder asistir, pero estaba en plena filmación y no quedó más remedio que recogerlo después.

En *Yo soy muy macho*.

Con Amalia Aguilar y Lilia del Valle en *Las cariñosas*.

Con los papeles de damita ingenua, que hasta entonces había representado en cine, era difícil que me aceptaran para encarnar otro tipo de personaje. Siempre había actuado de niña buena, hasta que Wallerstein me ofreció un papel completamente distinto a lo que había hecho hasta entonces: una gran seductora, una devoradora de hombres. Era un papel fuerte, pero Arturo de Córdova, la estrella de la película, quería a una actriz como Gina Lollobrigida o Silvana Mangano para el personaje; ellas pedían cantidades estratosféricas y excedían el presupuesto de la película, por lo que don Gregorio decidió proponerme a mí.

La cerveza Corona había lanzado una campaña que decía: "La Gina, la Mangano, la Pampanini, la Pinal, parampampán". Wallerstein insistió tanto con el anuncio de la cerveza, hasta que Arturo accedió a hacerme una prueba para el papel. Don Gregorio me dijo: "Tienes que cambiarte la imagen. ¿Cómo?, no sé, pero debes transformarte, ser una seductora. Un mujerón".

MI PRIMERA
TRANSFORMACIÓN,
DE MUCHACHITA INGENUA
A MUJER FATAL…

Yo tenía el cabello castaño y mi ropa era mona, pero no parecía la devoradora que querían que interpretara. No tenía mucho tiempo y había que resolver rápido la situación. Siempre he sido muy determinada y quería ese papel para mí, ningún Arturo de Córdova me lo iba a impedir. ¡Qué mal me cayó! Mira que preferir extranjeras como coprotagonistas. Le demostraría qué tan devoradoras podían ser las mexicanas, y más la Pinal.

En aquellos años había solo una casa especializada en cambio de imagen, se llamaba Pani, estaba en la calle de Niza, en la Zona Rosa de la ciudad de México. Ahí me cortaron el pelo, me maquillaron y me tiñeron de rubia; luego acudí a mi querida Angelita, la diseñadora que le hacía la ropa a todas las estrellas, y le pedí ayuda.

"Angelita", le dije, "tienes que hacerme unos vestidos preciosos para la prueba de la película, pero tiene que ser algo muy sexi". "¿Verte sexi?", preguntó, mientras me miraba de arriba a abajo como pensando ¿y cómo le hago con esta jovencita? "A ver, quítate el *brassier*.

Mientras me lo quitaba, tomó una pieza de dubetina, una tela muy suave, como terciopelo, muy delgada; me la ciñó al cuerpo y comenzó a trazar una estrecha blusita a la que solo le agregó unas pinzas a la altura de los senos para que ajustara bien. Todo lo cosió prácticamente en mi cuerpo, quedó entalladísimo. Esa fue mi transformación, y la blusita fue un éxito, porque daba la sensación de que estaba desnuda.

Fue tal mi emoción al ver el resultado que Angelita había logrado, que salí corriendo de su taller, olvidando a Silvita entre las costureras. Por supuesto que regresé en menos de media hora por ella.

Y así, con mi blusita, un corte más moderno y el cabello rubio, grandes arracadas y maquillaje muy marcado, me presenté a la prueba para la audición de la película. Arturo me miraba como preguntándose ¿qué le hicieron a esta niña?

Don Julián Soler, el director del *casting*, me había dado las escenas previamente, y yo las había memorizado, pero a última hora Arturo decidió que se hiciera la prueba con otra escena, muy diferente de la que había estudiado. Por fortuna siempre he tenido buena memoria; don Julián me dijo que no me preocupara, que lo haría bien. Hicimos la escena, y Arturo quedó tan complacido que aceptó que me quedara con el estelar.

Con Andrés Soler en *Un extraño en la escalera*.

Con José María Linares Rivas en *Un extraño en la escale*

Un extraño en la escalera se filmó en La Habana, el 22 de marzo de 1954, bajo la dirección de Tulio Demicheli. Tuvimos que hacerla en Cuba, ya que Demicheli era extranjero y en ese momento el Sindicato de Directores mexicanos era muy cerrado, no dejaba debutar a extranjeros, así fue como Tulio pudo debutar en el cine mexicano. Yo no sabía lo que estaba haciendo, pero Arturo y don Gregorio sí, siempre supieron que esa película me lanzaría al estrellato.

Y lo supe dos años después. Luego de filmar *Cabo de hornos*, mi vuelo, procedente de Chile, hizo una escala en Lima, Perú, donde me esperaba la prensa y admiradores para llevarme al cine donde estaban exhibiendo *Un extraño en la escalera*. Fue una gran sorpresa con la que me topé en el aeropuerto y también en la sala de exhibición, me encontraba entre asustada y encantada, no lograba entender lo que estaba pasando. Era la primera vez que veía a tanta gente emocionada con mi presencia. Al pasar los años, esta fue una experiencia que nunca he podido olvidar.

Afuera del cine había una lona publicitaria con mi imagen, tan grande como el enorme edificio donde la exhibía. Vi mi foto en donde llevaba la blusa y el pelo empapados, mi nombre escrito con letras enormes, más grandes que las de Arturo y José María Linares Rivas.

Dentro del cine la gente enloqueció al verme, de tantos jalones parecía que me

Durante mi estancia en Cuba.

Durante mi estancia en Lima, Perú.

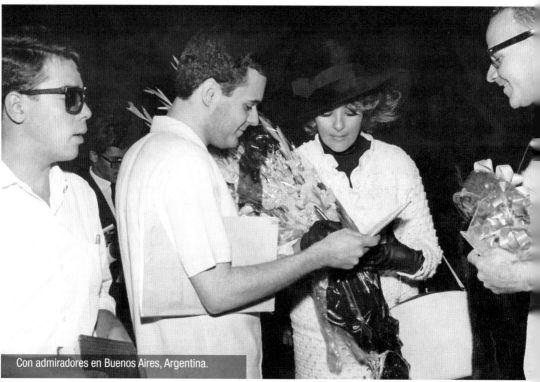

Con admiradores en Buenos Aires, Argentina.

querían quitar la ropa, pero a mí no me importaba, yo estaba fascinada. En ese momento lo supe, me había convertido en estrella y le había demostrado a Arturo de Córdova que ni su Lollobrigida o la Mangano eran necesarias para el éxito de la película.

Inmediatamente le hablé a Arturo para presumirle. "¿Qué crees?, ¡mi foto es más grande que la tuya!"

En 1954 también filmé: *Hijas casaderas,* al lado de Carlos López Moctezuma y Ramón Gay, un actor a quien quise y admiré mucho, es vergonzosa la historia de su trágica muerte a tan temprana edad. *Pecado mortal,* acompañada de Gloria Marín, Víctor Junco, Ramón Gay e Isabela Corona. *Amor en cuatro tiempos,* nuevamente al lado de Arturo de Córdova, con Marga López y Jorge Mistral; *La vida tiene tres días,* con Carlos Navarro, y cerré el año filmando *La sospechosa,* con Miguel Torruco, bajo la dirección de Alberto Gout; fue la primera de tres películas que hicimos juntos.

En *La sospechosa.*

En *La sospechosa*

Pero volvamos a la película *Cabo de hornos,* que dirigió Tito Davison e hice junto a un actor guapísimo, con un timbre de voz que me encantaba, Jorge Mistral. Iniciamos la filmación en enero de 1955, era una coproducción entre México, Chile y España. La película se filmó en un barco y todos vivimos ahí mientras recorríamos la costa sur de Chile y terminábamos la cinta; nos tocó un clima espantoso, pero a pesar de todo ello fue una experiencia única e inolvidable. Por *Cabo de hornos* recibí la renovación del contrato de exclusividad con don Gregorio Wallerstein, además de 65,000 pesos.

Antes de morir, papá Pinal había visto unos terrenos que le gustaban mucho y me insistía en que asegurara mi futuro y el de mi hija mientras los tiempos fueran de abundancia. Así que compré en abonos un terrenito donde él me había dicho, eran baratos por la lejanía respecto al centro de la ciudad y porque no tenían servicios. Confié en la visión de mi papá y no se equivocó. Con toda ilusión y el sueldo que recibí por *Cabo de hornos* pagué el terreno en el Pedregal y empecé a construir mi casa.

El arquitecto me preguntó: "¿Cómo quiere su casa?" "Grande y con alberca". "¿Y la alberca de qué tamaño?" "¡Pues olímpica!" ¡Qué bárbaro!, me construyó la alberca más grande del Pedregal, y bien que valió la pena, cómo la disfrutamos, aunque años más tarde tuve que acortarla.

Con Jorge Mistral en *Cabo de hornos*.

***

Ese año, 1955, también filmé una de las películas que más quiero: *El inocente*. Se volvió un clásico de fin de año, porque la trama se desarrolla justo en Año Nuevo. Pedro Infante interpreta al Cruci, un mecánico popular con el que mi personaje, Mané, una joven de alta sociedad, tiene que casarse después de una noche de copas en Año Nuevo, al encontrarlos los padres de ella dormidos en la misma cama. La filmación resultó de antología porque la escena de la borrachera fue la primera que filmamos, y ni Pedro ni yo bebíamos en ese tiempo. El director, Rogelio A. González, nos decía: "Aquí hacen como que se marean; aquí ya no pueden hablar y se les traban las palabras; aquí se tropiezan... Bueno, casi una coreografía para que pudiéramos darle tono de una absoluta borrachera.

Con Óscar Ortiz de Pinedo, Félix González, Sara García y Pedro Infante en *El inocente*.

Con Rogelio A. González durante la filmación de *El inocente*.

¡Qué inocente ni qué nada, era un travieso! No se me olvida que cuando estábamos en locación mientras rodábamos la película en Acapulco, él se comió los tamalitos típicos de pescado que me llevaban y que estaban riquísimos. Aún los hacen, son pequeñitos, deliciosos. Yo estaba filmando la escena donde esquiaba, y cuando el director cortó, tenía mucha hambre y fui por mis tamales, pero ya no había nada, Pedro se los había comido todos porque era muy tragón.

Pedro era un encanto, y mi abuelita lo llegó a ver con mucho cariño, él le regaló una mantilla y un rosario, con los que ella me pidió que la sepultaran.

En esa época también filmé *El vendedor de muñecas*, bajo la dirección de Chano Ureta, con Pedro López Lagar, Eduardo Alcaraz, Miguel Córcega y Elvira Quintana. *Locura pasional*, con Carlos López Moctezuma, César del Campo y Domingo Soler, basada en la novela de León Tolstói

Con Pedro López Lagar en *El vendedor de muñecas*.

Con César del Campo en *Locura pasional*.

Con Carlos López Moctezuma en *Locura pasional*.

La sonata a Kreutzer, bajo la dirección nuevamente de Tulio Demicheli, quien me aconsejó que la hiciera y por la que recibí otro premio Ariel. *Historia de un abrigo de mink,* con la dirección de Emilio Gómez Muriel y las actuaciones de María Elena Marqués, Columba Domínguez e Irasema Dilián. Yo interpretaba a Margot, una humilde muchacha que piensa que poseyendo un abrigo de mink tendría un futuro mejor. Y qué crees, ¡era un abrigo precioso!, cuando terminamos la película, le pregunté al de vestuario: "¿Qué van a hacer con él?" "Uh, pues no sé, seguro arrumbarlo". "¿Y cuánto valdrá?" "No, pues, costó sesenta mil pesos, pero ya usado... como la mitad". Entonces me fui con el jefe de producción y le comenté que quería comprar el abrigo, me dijo que lo vendía al precio original...

"¡No, si ya está usado!, además, lo van a arrumbar... ¡Te doy la mitad!"

Y por treinta mil pesos me quedé con el abrigo. Estaba tan feliz por la compra que en pleno mayo, sudando como una loca, me fui a los toros luciendo mi abrigo de mink.

Con Hortensia Santoveña y Agustín Isunza en *Historia de un abrigo de mink*.

MI PRIMERA CARTA DE
DESPEDIDA,
CORTÓN Y VUELTA A EMPEZAR

Las cosas pasan porque pasan. Yo era una mujer libre, oficialmente divorciada, comenzaba una nueva etapa en mi carrera, en mi vida. Mi abuelita seguía conmigo ayudándome a criar a Silvita y mis amigos Ernesto Alonso y Gloria (la gorda), continuaban en mi vida. Gloria me "ayudaba" mucho, a veces iba conmigo a provincia cuando tenía que presentarme, bueno, mientras yo trabajaba, cantando vestida de china poblana, los empresarios se la llevaban a pasear, ¡valiente ayuda! Fueron épocas de trabajo muy duro, construir una casa no es fácil, todos los fines de semana tenía que pagar a los albañiles y Gloria se encargaba de llevar el pago a los trabajadores. Fue un gran esfuerzo que culminé con orgullo.

Se trata de la casa de mis sueños, donde vivió mi madre, mi abuela, mis

Con Gloria.

maridos (todos, menos Rafael) y mis hijos, nietas y bisnietas, donde vivo actualmente, que es producto de mi trabajo y esfuerzo.

Durante la filmación de *Un extraño en la escalera* las cosas cambiaron mucho entre Arturo y yo. De caernos absolutamente mal, pasamos a ser amigos y luego algo más… Arturo de Córdova era un galanazo, un hombre culto, desprendido y amante de la buena vida. Un hombre de mucho mundo con quien tuve un romance inolvidable.

Besaba delicioso, casi de película.

Entonces sí que conocí el amor, ese que enloquece, que arrebata, que te impide respirar y que te da la gloria, las nubes. Ese que no había conocido con Rafael.

No suelo enamorarme de mis compañeros del *set*, pero Arturo era diferente. Si bien el inicio con él fue terrible, a medida que comenzaron los ensayos y corría la filmación surgía química entre los dos. Las escenas de cercanía me ponían sumamente nerviosa, lo mismo que a él, podía notarlo, pero ambos éramos profesionales y no dejábamos que la realidad superara a la ficción.

Un día terminamos temprano la filmación y Arturo me invitó a cenar. Hablamos durante horas, nos divertimos como niños, conocí a un gran hombre cuya brillantez e inteligencia superaban su fama. Un hombre interesante y de mundo. Se despidió con un beso lleno de pasión, de magia... no lo dejé ir.

La brevedad de aquel romance no restó la intensidad. Lo amé y me amó. Pero no siempre lo que se quiere se puede tener.

Arturo fue a filmar a Matogrosso, Brasil. Yo lo extrañaba tanto que estaba dispuesta a todo por seguirlo, pero no tenía dinero para el avión. Le mandó un cable a don Gregorio para que me diera dinero para el viaje y lo descontara de su contrato, al mismo tiempo que yo tiraba la puerta de su oficina para pedirle un adelanto. Don Gregorio se negó. ¡Qué, qué! Bueno, por lo visto aquí todo mundo quiere ser mi papá, pensé. "¡Pues rompo el contrato, dejo la carrera. Lo amo, y él a mí!" Don Gregorio ni se inmutó, ya había hablado por teléfono con Arturo y lo haría conmigo. "Mira, ¿dejarías todo... todo... carrera, casa, hija... por un hombre casado a quien no le conviene divorciarse ahora?, ¿dejarías una carrera con futuro para ser la otra, estar a la sombra esperando por un hombre que aunque

Con Arturo de Córdova en *Un extraño en la escalera.*

encantador te dobla la edad? No te doy dinero ni te doy pasaje", me dijo Wallerstein, "no voy a dejar que destruyas tu vida y tu carrera por él, tú te quedas aquí". Don Gregorio tenía muchas formas de hacerme entender, entre ellas la más poderosa era la económica. Un disgusto con el hombre más poderoso de la industria me habría significado el cierre de muchas puertas, el fin de mi carrera. Y me quedé, gracias a Dios que me quedé. Arturo me dejó una carta de despedida:

> ...tú eres una mujer muy joven, tiene razón Gregorio. Cuando pase el tiempo, yo seré un anciano y tú una mujer en plenitud. Guarda esta carta, cuando la leas de nuevo, habrán pasado diez años o más y te darás cuenta de que todo lo que te digo aquí es la verdad. Estoy seguro de que entonces me perdonarás y entenderás por qué me despedí...

Eso fue parte del contenido de una larga carta de adiós que me escribió Arturo. Me enamoré mucho de él, y él se enamoró mucho de mí. Tiempo después tuve un problema con un hombre muy celoso con quien me casé (después te digo quién, no comas ansias), al sacar viejos recuerdos del clóset para romperlos cayó la carta y volví a leerla. Entonces me di cuenta de que todo lo que me decía ahí era exactamente lo que estaba pasando. Fue quizá el destino de Dios.

Me centré en mi carrera, el trabajo siempre te saca adelante, te ayuda a olvidar y sanar.

Con María Félix, Lilia Prado y Sara García, entre otros.

Con Ernesto Alonso, Gloria y Ángel Fernández.

Yo seguía muy apegada a Ernesto Alonso, pasaba muchísimo tiempo en su casa estudiando y planeando producciones. Ernesto ya había filmado con Luis Buñuel *Ensayo de un crimen*, y me había sugerido que habláramos con él para realizar una película juntos, *Tristana*, pero por más que buscamos productor no encontramos, así que tuvimos que abandonar el proyecto.

Durante esa época me asocié con mi amiga, la Gorda, en un negocio de venta de aparatos electrónicos, lo instalamos cerca del teatro, en la calle General Prim. Recibíamos visitas todos los días por la noche, entre ellas las de Emilio Azcárraga, Ernesto Alonso y Juan Soriano, a quien conocimos a través de las hermanas Abascal, que tenían la *boutique* Gerard sobre Paseo de la Reforma, eran muy "monas". En cuanto llegaba Juan a la tienda se ponía a pintar los refrigeradores por dentro y por fuera, eso me ponía furiosa: "no los van a comprar, ¡pinche Juan!" Qué equivocada estaba, lo que valdrían ahora esos refrigeradores.

TELE... ¿QUÉ?

Fue el 31 de agosto de 1950 cuando se lanzó el primer canal comercial en México y Latinoamérica. Un día después se transmitió a través de la señal XH-TV, Canal 4, propiedad de la familia O'Farrill, el primer programa con la lectura del Informe de Gobierno del entonces presidente de México, el Lic. Miguel Alemán Valdés. Ahora hasta existen pantallas ultraplanas y transmisiones en alta definición, pero en ese entonces la televisión era un lujo que poseían solo algunos. Un año más tarde la familia Azcárraga inaugura XEW-TV, Canal 2.

En varios países como Cuba, donde ya había estado trabajando, existía incluso programación específica para ese medio; en México estábamos iniciando, pero aprendimos muy rápido. En ese momento echaron mano de actores de teatro, cine y radio para la televisión.

Ahora la televisión da la oportunidad de que surjan nuevas estrellas jóvenes y destaquen rápidamente, pero también el ritmo es tan agitado y cruel que aparecen otras y otras. Se ha convertido en un semillero de grandes estrellas, pero estrellas temporales. La televisión es maravillosa, pero a veces resulta efímera. Hay que ser muy disciplinado, tenaz y cuidadoso para mantenerte vigente.

Fue gracias a don Domingo Soler que por primera vez me invitaron a participar en un programa de ayuda social que él mismo dirigía. Fue un momento muy breve para canal 4, en el piso 22 de la Lotería Nacional. La gente mandaba cartas solicitando ayuda, y nosotros ayudábamos a resolverles sus problemas. Pero no había programación específica y la cantidad de receptores era mínima. Muchos hicieron su "agosto" comprando una tele en abonos y vendiendo boletos a los vecinos para ver la "tele en la sala de sus casas". Las transmisiones eran muy aburridas: algún noticiero, bailes folklóricos o cuadros musicales infantiles, lucha libre; que eran los reyes de la televisión, pero nada más. Muy pronto se tomaron los ejemplos del teatro y comenzaron a hacerse lo que se llamó telecomedias, obras teatrales adaptadas para durar media hora o una hora y con un mínimo de cambios escenográficos.

Manolo Fábregas se aventuró en este medio, formando su compañía teatral de telecomedia en 1952 a la par que mi querido don Fernando Soler hizo lo mismo con la telecomedia de los Bonos del Ahorro Nacional. Con Manolo, como el productor y actor titular de su compañía, en el programa dominical *La telecomedia de Manolo Fábregas*, protagonicé el primer teleteatro de la televisión al lado de Rita Macedo y María Elena Marqués, dirigido por Rafael Banquells. Gracias a Dios, para entonces se habían limado todas las asperezas entre Banquells y yo, todo marchó muy bien. Tuvimos muchísimo éxito, aunque debimos adaptar las bodegas del periódico *Novedades* para poder grabar, en ese entonces no había estudios ni el emporio que hoy existe.

Se tomó toda la técnica del teatro, se ensayaba por la mañana y nos presentábamos en vivo por la tarde-noche. Cuando terminábamos de filmar, no alcanzábamos a oír el corte, a veces hasta los muertos se movían; cuando nos dábamos cuenta, teníamos encima la cámara. Era extenuante y no estaba libre de complicaciones, entre lo que tenías que memorizar para el cine, el teatro, los ensayos del teleteatro, acabábamos más que rendidos.

Un día, en plena escena se rompió el *zipper* de mi vestido y me tuve que pasar toda la transmisión con la mano en la cintura para que no se notara ni hubiera un accidente mayor. Con el susto, se me olvidaron las líneas por un momento... ¡Ay, qué angustia pasé!

Una etapa agotadora pero preciosa, ambas telecomedias se hacían los domingos. Al final participé en más de doscientas obras de muy variados autores, lo mismo interpreté papeles escritos por Mihura o Noël Coward que de obras francesas de Roussin, como *La zorra y las uvas*. Posteriormente también trabajé para la televisión en el Teatro Bon Soir, donde intervine en más de 50 adaptaciones y fui dirigida por un entrañable amigo, Luis de Llano Palmer.

También por estos años inicié mi primer programa musical, *Fiesta Musical Ford*. Ya en cine había realizado varios números musicales y creo que esa fue la razón por la que me propusieron el trabajo, y yo, claro, acepté encantada. De ese programa recuerdo muchísimo la canción que compusieron para presentarme: "Silvia, conquistaste nuestro cine nacional, reina de esta fiesta es Silvia Pinal", cada vez que la escuchaba me emocionaba y creo que también me daba fuerza para seguir adelante.

Durante la transmisión de ese programa, y mientras estaba bailando dirigida por Pepe Morris, todos me volteaban a ver, yo no sabía qué pasaba. Vi que todos se hicieron hacia atrás y me hacían señas, hasta que me di cuenta de que se me había roto el tirante del vestido; sin querer hice el primer desnudo de la televisión en México. Gloria estaba en la oficina de Emilio y escuchaba cómo él, desesperadamente, gritaba que cortaran el canal. Al finalizar mi presentación cómo se rieron de mí. Al día siguiente, el escándalo total: todos los periódicos hacían referencia al famoso *streptease*.

***

En Cuba conocí el apuntador. Sí, ese pequeño aparato que se pone en una oreja y sirve para indicarte tus líneas y tus movimientos. Era una maravilla. Te avisaba a qué cámara debías mirar y te ayudaba a no cometer tantos errores, con lo que se ahorraba dinero y tiempo. Muchos se han adjudicado la invención del apuntador en México; sin embargo, ya existía desde hacía mucho tiempo.

La televisión cambió mi vida en muchos sentidos, aunque para entonces yo no lo sabía; se unió a mí tanto personal como artísticamente, me dio la oportunidad de hacer cosas que en el cine o en el teatro difícilmente habría podido hacer y a la vuelta de los años, cuando se me ofreció un puesto como productora, pude ayudar a muchísima gente, darle oportunidad a jóvenes actores y actrices que empezaban. En cuanto al público, *Mujer, casos de la vida real,* la serie que produje durante más de 23 años, me proporcionó los medios para ayudar a otros con necesidades que ni te imaginas. Pero como vamos en orden, te hablaré de la televisión y las telenovelas un poco más adelante. Ahora toca el turno a otro de mis grandes amores.

EMILIO

Me decía *Pato*, igual que yo a él. Un lindo romance que comenzó en 1954, duró cuatro años y una amistad que perduró contra viento y marea toda la vida.

Nos conocimos en una reunión en casa de mi amiga Gloria, él era novio de Rosa Arenas y estaba acostumbrado a ordenar, a ser él quien decidiera y a que todo el mundo accediera a su menor capricho, pero conmigo no pudo. En esa reunión me vio por ahí y se le hizo fácil ordenarme: "Mujer, pon unos discos..." ¿Qué, qué? Y ¿quién era ese fresco que se atrevía a hablarme así? Gloria me dijo que era Emilio Azcárraga, el hijo del dueño de XEW y Televicentro. Pues a mí ningún hijo de... quien sea, me va a ordenar. "Ponlos tú", le grité. Mucha gente le hacía la barba, pero a mí no me importó, yo tenía una trayectoria en cine y no necesitaba nada de él. Tal vez por eso congeniamos tanto y terminamos siendo amigos... Y luego algo más. A los dos nos gustaba divertirnos, aunque él era definitivamente un "desgraciadísimo mujeriego"... Divino, sí, un lindo, pero un sinvergüenza. De esas reuniones no se me olvida el juego de las cucharas; si éramos diez personas, poníamos nueve cucharas al centro de la mesa, se trataba de adivinar chistes o palabras y tomar una cuchara, Emilio me daba jalones y nunca me dejaba agarrar la cuchara, cualquier pretexto era bueno para tomarme la mano.

Era un bromista, pero a veces se pasaba. Imagínate que con mis ahorros me compré un auto marca Hillman, del año, en abonos, ¡precioso! Quedé muy gastada, pero estaba bellísimo. Para molestarme, le aventaba al toldo del auto refrescos y comida; en fin, porquería y media, él se carcajeaba y yo chillaba: "Mi coche, mi coche…"

Emilio y yo fuimos grandes compañeros de viajes y parrandas. En el trabajo era absolutamente serio y hasta hostil, si las circunstancias lo ameritaban, pero en lo personal era un hombre divertido, justo y tremendamente humano, tan hábil para los negocios que de su mano la empresa de su padre creció de una forma que ninguno podía imaginar. A su lado hice viajes preciosos, entre ellos recuerdo mucho uno a Cuba, lo acompañé a inaugurar una estación. Mientras él se dedicaba a su trabajo, yo me presenté en varios programas de televisión.

En el programa *Casino de la alegría*, La Habana, Cuba.

Nunca se me olvidará cuando me cambié a mi casa del Pedregal, fueron Emilio, Gloria y Felipe, su novio, quienes me ayudaron a mudarme. Emilio no paraba de sudar al tiempo que me decía: "En mi vida he visto una mujer que tenga tanta ropa", mientras yo disfrutaba viendo su expresión de sorpresa y mis cerros de vestidos, imaginaba la cara que hubiera puesto Rafael al ver toda esa ropa que había comprado sin la ayuda de mis tan queridos abonos.

Él había enviudado, y yo ya estaba divorciada, así que ninguno de los dos vimos problema para iniciar una relación. Bueno, salvo porque él tenía otra novia, Rosa Arenas. El descarado pasaba cuatro meses conmigo y tres con ella, o dos conmigo y tres con ella, y así llevaba las cosas sin que se decidiera. Era tan fresco, que una vez estuvo a punto de casarse con Rosa a escondidas de su papá, pero el día de la boda fue por mí para irnos a Barcelona. "Escapémonos, Pato", me decía, "No me quiero casar, mira en qué lío me metí". Yo, por supuesto, no quería ni verlo... hasta que me convenció... ¿Qué quieres?, la carne es débil.

Después, sin querer, yo hice lo mismo. Había ido con Gloria, mi amiga, a celebrar mi primer contrato importante con la compañía de cine Mier y Brooks; ganaría 65,000 pesotes. Así que nos fuimos muy arregladas al Jena, un restaurante precioso que estaba en Reforma, pero no llevábamos suficiente dinero. Ella traía como 120 pesos, y yo más o menos 150, así que pedimos champaña (la botella nos costaba 150 pesos) y algo para picar. Un modisto amigo mío, Mario Huarte, estaba en el restaurante junto con un amigo, a quien nos presentó. A la mesa llegó nuestra botella de champaña y rosas. Cuando pedimos la cuenta, nos sorprendimos al enterarnos de que ya había sido liquidada por el licenciado al que acabábamos de conocer, Mariano Parra Hernández, así que nos regresamos a casa con nuestro dinerito en la bolsa. Al día siguiente supe que lo había flechado porque durante todo el día llegaron flores con su tarjeta a mi casa y en los días subsecuentes no dejó de enviarme regalos costosísimos.

Salimos varias veces pero siempre en manada: Tulio Demicheli y su esposa, Gloria, su novio y yo con Mariano, mi novio espléndido... Un día mientras comíamos, a la hora de tomar la servilleta salió un anillo de diamantes divino. ¡Ah, cómo me dejaba querer! Con frecuencia me invitaba a Acapulco, y yo siempre iba acompañada, así que cuando él quería entrar a mi cuarto de hotel, no se lo permitía; estar acompañada de mi hija, mi abuelita o mi amiga, era el pretexto perfecto para negarme.

Teníamos escasos meses de conocernos y se empeñó en que nos casáramos, ya había estado a punto de hacerlo con Elsa Aguirre, pero él juraba que me amaba a mí. Tanto insistió que le di el sí, pero solo para que ya no hablara del tema, no era porque quisiera casarme; sin embargo, me tomó la palabra y compró todo, hasta el anillo. Se puso de acuerdo con mis amigos e hizo los arreglos para una pequeña reunión en casa de Demicheli para pedir mi mano. Algunos de los invitados fueron Octavio Paz y Miroslava, a quien, por cierto, notaron triste, melancólica y deprimida; nadie imaginó que era la última noche en que la verían con vida. Al día siguiente nos enteramos de su suicidio. Fue una noticia que nos dejó impresionados, era una muchacha linda, guapa, y con una buena carrera en el cine.

Yo quedé muy formal en estar ahí luego de la función, pero ese día... Emilio llegó. "¿Cómo que te casas?" "Sí, hoy piden mi mano". "¿Y lo quieres?" "Bueno..."

Emilio sabía tan bien como yo que no quería casarme, así que nos escapamos y nos dimos la gran parranda.

Al principio mis amigos estaban preocupados y luego enojadísimos por el plantón. ¿Y el novio?... Mariano me gritaba que le regresara sus cosas... Y lo hice, anillo de compromiso y todo... Bueno... El coche no, porque ese me lo dio como regalo de cumpleaños y, claro, tampoco el anillo de la servilleta, porque fue regalo de enamorados.

Con Emilio sí me hubiera casado, bueno, no sé, quizá habría significado dejar mi carrera, cambiar mi vida... Al final se lo gané a Rosa, pero no conté con la oposición de su familia. Bueno, sus hermanas siempre me han querido mucho, principalmente Carmen, quien en alguna ocasión me ha preguntado qué habría pasado si nos hubiéramos casado.

Su padre se negó rotundamente a nuestro matrimonio porque yo era divorciada y con una hija... Es más, ya tenía pactado que Emilio viajara a Europa para conocer a una joven de sociedad con quien le interesaba que él se casara.

Con Emilio Azcárraga Milmo.

Eso me lo dijo regresando de una gira, envió un avión particular al aeropuerto por mí. Bajé de un avión para subir a otro, que me llevaría a Acapulco, ahí me esperaba Emilio. Esa noche, en la playa de Caleta, me lo dijo... "Pato, me voy a casar". "¿Tú?" "Sí, tengo que hacerlo, ya me ha ido muy mal en la vida: perdí a mi primera esposa y a mi hija... Quizá sea hora de hacerle caso a mi padre. Arregló mi boda en Notre Dame".

Me dolió mucho, mucho. Pero tuve que entender. Estaba ligado a su papá, ya que era el hombre de la familia, el heredero, y tenía que obedecer. Se casó en Francia, en una boda espectacular con la francesa Pamela de Sirmone. Tengo entendido que ninguno de los dos fueron felices.

Nuestra historia no terminó ahí, fuimos amigos toda la vida; siempre que pudo me ayudó, estuvo pendiente de mi trabajo... Y nos dijimos "Pato" hasta el último día de su vida. La última vez que hablé con él fue por teléfono, yo le quería vender mi teatro, pero no quiso, ya sabía que tenía los días contados; luego lo vi por televisión, cuando le entregaba el poder a su hijo, ya estaba muy mal. No pude verlo en persona porque murió en ultramar, en su barco, el 16 de abril de 1997 en Miami, Florida. Me hubiera gustado decirle adiós... darle las gracias por los momentos bellos, divertidos, por apoyar mis locuras y estar siempre cerca.

***

Junto con grandes amigos fui pionera de la televisión en México, en la empresa Televisa, que Emilio consolidó con tanto trabajo y amor, y que actualmente dirige su hijo, Emilio Azcárraga Jean, con quien mantengo una muy buena relación.

Con Jorge Eduardo Murguía, Emilio Azcárraga Jean y José Bastón.

***

Cerré 1956 con seis películas: *Mi desconocida esposa*, bajo la dirección de Alberto Gout, con Rafael Bertrand; *La adúltera*, con Ana Luisa Peluffo y Alberto de Mendoza; *¡Viva el amor!*, con Christiane Martel y Emilio Tuero; *Dios no lo quiera*, en la que protagonizo a una mujer violada, *La dulce enemiga*, bajo

Con Rafael Bertrand.

Con Ana Luisa Peluffo, Sara Cabrera y Alberto Mendoza en *La adúltera*.

Con Christiane Martel y Carlos Baena en *Viva el amor*.

En la *Dulce enemiga*.

la dirección de Tito Davison al lado de tres grandes amigos: Joaquín Cordero, Alberto de Mendoza y Carlos Riquelme, una de mis películas consentidas.

Ese mismo año me nominaron como mejor actriz por *Un extraño en la escalera*, pero el premio se lo dieron a doña Prudencia Grifell, por la película *Una mujer en la calle*. ¡Ay, yo estaba verde de coraje!, no por doña Prudencia, que era un encanto y una excelente actriz, sino porque sentía que mi actuación merecía el premio. Sin embargo, me consolaron con

Con Prudencia Griffel en *Mi desconocida esposa*.

un: "Es mayor, ya se va, deja que le demos el premio..." Pues sí, ¡pero no, no hay derecho!, lo acepté, pero hice berrinche. En fin, el Ariel de ese año no me lo dieron. Muchos años después murió doña Prudencia. Bendito Dios, se quedó entre nosotros un buen rato más.

DIEGO RIVERA

Conocí al maestro Rivera gracias al arquitecto que construía mi casa, Manuel *Many* Rosen, siempre me contaba anécdotas y detalles de él, porque era el encargado de remodelar la casa de Diego en Altavista. Se me antojaba mucho que me hiciera un cuadro, pero ni en mis más locos sueños podía pagar a un artista de su talla.

El arquitecto me convenció y nos presentó, aunque yo le decía: "¿Cómo le voy a pagar, si apenas tengo para la 'raya' de los albañiles?" Many se reía muchísimo de mis miedos y me insistía: "Tú ve y que te pinte, ya después ves cómo le pagas".

La casa del maestro Rivera está en San Ángel, que ahora es el museo-estudio. Ya se había casado con Emma Hurtado, después del fallecimiento de Frida Kahlo, pero su exesposa Guadalupe Marín le llevaba la comida todos los días. En fin, le propuse que me hiciera un cuadro y aceptó.

"¿Cómo quiere que la pinte: sentada, de pie, acostada, desnuda, vestida?" "De pie y vestida, maestro", le respondí mientras sudaba al pensar que me iba a cobrar un "dineral". "¿De pie?, ¿de veras?, es muy cansado".

Y yo seguía pensando... es Rivera, Silvia, es Rivera... ¿aceptará abonos? Dios, ¿cuánto me va a cobrar, cuánto costará?

"¿Silvia?" "Ah, perdón, maestro, yo aguanto, no se preocupe, aguanto". No, qué barbaridad, acababa molida. No sabes lo que es pasar horas en la misma postura, pero ver el resultado final me hizo feliz.

El maestro era un pillo coronado, y le encantaba escandalizar. Yo debía estar inmóvil durante horas mientras él permanecía concentrado; de pronto, sin suspender las pinceladas, sin mirarme, me preguntó: "Posaría desnuda?" "Tal vez", respondí.

Otro día y repitiendo la misma acción, me preguntó: "Silvia, ¿haría el amor con una mujer?" "Claro que no, maestro". "Por favor, no se mueva". Dejé de sonreír, me quedé pensando... ¿con una mujer?, pero si me gustan muchísimo los hombres, son divinos.

"Ah, pues debería usted hacerlo, es una cosa bellísima, es como un poema. Yo he visto a mujeres hacer el amor". Entonces, me decía los nombres y me dejaba asombrada con sus relatos.

A la par que trabajaba en mi cuadro tuvimos conversaciones muy interesantes, y otras veces hablaba de temas que no estaba acostumbrada a escuchar.

"Usted nunca conoció a Mussolini, ¿verdad?" Yo con mi acostumbrada respuesta: "No, maestro". "¡Ah, era bellísimo! ¡Era el *gigoló* más inteligente que yo he conocido!"

¿Gigoló Mussolini? Según el maestro, Mussolini tenía un gran atractivo sobre las masas y, en especial, sobre las mujeres. Y terminaba diciendo: "Pues cuando yo estaba pintando en París, cuando éramos pobres, él vendía condones por la calle". Y así pasaba ratos muy amenos mientras posaba.

En las últimas sesiones, Rivera me dijo que quería pintar un mural en mi casa, algo que me espantó porque si no sabía cuánto cobraría por un cuadro, no imaginaba el costo que podría tener un mural en mi sala-comedor. O terminaba viviendo conmigo, o yo empeñada con él, así que le dije que no tenía tiempo.

"Yo la acompaño al estudio de ballet, a la televisión, a todas partes. Hacemos un mural donde aparezca con todas sus amistades y conmigo". Me insistió mucho, pero me negué hasta que dejó de pedírmelo.

Terminó el cuadro en 1956, en pocas pero agotadoras sesiones, y llegó el día en que tenía que recoger mi cuadro, era el día de mi santo. Entré a su estudio, el cuadro estaba terminado, me quedé impactada cuando lo vi.

Me dijo: "Espere, quédese un momento ahí donde está parada".

Entonces, con su pulgar pintó la sombra sobre el lado izquierdo de mi cuadro, una sombra que yo en ese momento pensaba que no iba de acuerdo con mi postura frente al espejo, pero resultó una sombra que hablaba mucho del estilo riveriano y que enmarcaba mi figura.

"Ahora sí puede llevárselo". Había llegado el momento que tanto me preocupaba. Finalmente dije: "¿Maestro, cuánto le debo?" "¿De qué?" "¿Cuánto le debo por el cuadro?"

Y ahí seguía yo, con las piernas temblorosas y cincuenta mil pesos en la chequera, que correspondían a la "raya" de mi casa, y pensaba que si me pedía más, pues ya le diría que le iría pagando en abonos.

"Pues fíjese que no, con eso de que hoy es su santo, ¿qué le parece si se lo regalo?"

Así fue como terminó regalándome ese cuadro que había pintado durante semanas para mí. Al terminar de empacarlo me regaló un libro que tenía en su estudio y me escribió esta bella dedicatoria:

> *Homenaje y deseo de mil felicidades envía Diego Rivera para Silvia Pinal, la gran actriz, mi bella modelo, de quien he pintado con devoción, queda la más profunda admiración por su gran talento, sensibilidad aguda y exquisita frescura y el mayor afecto por la dama que rehace raras circunstancias. Extrema juventud, grande encanto en su belleza que generalmente atrae, lo que hace ella ya en la fecha de este aniversario un nombre, una de las grandes figuras triunfales del arte actual.*

NOVIEMBRE 3 DE 1956
MIL FELICIDADES. DIEGO RIVERA

Por el estudio del maestro Rivera pasaron intelectuales y artistas, a quienes tuve el placer de conocer, como Octavio Paz, Elena Poniatowska, Carlos Fuentes y muchísimos pintores de la época. Los sábados acostumbraban desayunar en casa de Lupe Marín, así que me volví asidua visitante sabatina.

En cierta ocasión lo invité a un programa de televisión en vivo. Él llegó un minuto tarde, se deshacía en disculpas, fue así como inició el camino de las cartas. Me encantó que me pidiera disculpas a través de escritos donde dibujaba mariposas, estrellas y hasta un sapo-rana.

"Mil gracias, Silvia, que vino ayer.
¿Cuándo la veré otra vez?
anoche la vi en "avange".
¿Cuándo la veré bailar?
Porque bailando Yo a Silvia la quiero dibujar.

Con el bachiller Álvaro Gálvez y Fuentes y Diego Rivera.

Con Diego Rivera y Agustín Barrios Gómez.

Mis cartas.

Años después hice dos copias de ese cuadro: puse una en Televisa, para ambientar mi programa *Mujer, casos de la vida real*, y la otra para el vestíbulo del Centro Cultural Diego Rivera, que remodelé y ahora es el teatro Silvia Pinal. Más adelante te contaré lo del cambio de nombre.

De todas sus cartas solamente conservo tres, ya que Daniel Morales, el director de la revista *Mañana*, me las pidió prestadas para publicarlas, y le di casi todas las que tenía. Desafortunadamente, murió de un infarto fulminante, y mis cartas se "perdieron". ¡Ay, Silvia, solo a ti se te ocurre prestarlas! Hoy sigo preguntándome dónde estarán mis cartas. Si alguien las tiene, me gustaría que me las regresaran, porque me pertenecen.

En *Préstame tu cuerpo.*

CUANDO EL ÁNGEL SE CAYÓ

En febrero de 1957 volví a trabajar con Tulio Demicheli en la cinta *Préstame tu cuerpo*, con Mauricio Garcés, y mi primera película con Manolo Fábregas. Es increíble que, después de tanto tiempo de conocernos, Manolo y yo nunca hubiéramos coincidido en cine, aunque sí en teatro y en televisión. En cuanto a Mauricio, qué te puedo decir, en verdad era un encanto, todavía no había cimentado su fama de conquistador, con su famosa frase "las traigo muertas", pero sí que era todo un galán seductor, decía que se había enamorado de mí a primera vista… Tanto él como su mamá, con quien seguía viviendo, eran un encanto.

En esta película interpreté dos papeles: Leonor Rivasconde y Regina Salsamendi. Es una comedia muy divertida; imagínate, en ella imitó a Elvis Presley.

Con Mauricio Garcés.

Con Manolo Fábregas en *Préstame tu cuerpo*.

De nuevo con Tulio Demicheli filmé *Desnúdate, Lucrecia*, una comedia bastante movida basada en la pieza teatral *Aló, aló, número equivocado*, de Julio Assmussen y que ya había puesto en escena con Jorge Mistral en Chile, mientras rodábamos *Cabo de hornos*. La fecha para el inicio del rodaje fue el lunes 29 de julio de 1957. ¡No pudieron tener peor tino! El día anterior, a las 2:44 de la madrugada, la tierra tembló. El terremoto derribó el famoso Ángel de la Independencia.

La destrucción fue terrible y cualquiera imaginaria que suspenderíamos el rodaje, pero, para sorpresa de nosotros mismos, al día siguiente y ya con el llamado pactado todos nos presentamos: Gustavo Rojo, Lucy Gallardo, Óscar Ortiz de Pinedo, Domingo Soler y yo. Ahí estábamos todos, con la disciplina del actor y con la convicción de cumplir con nuestro compromiso de trabajo.

Al terminar la filmación viajé a Nueva York con Emilio Azcárraga. Lo había convencido de que produjera teatro. Al regresar, cerré el año con una película bastante sórdida: *Una golfa*, con Sergio Bustamante, Jorge Martínez de Hoyos y Carlos Moctezuma, con la adaptación y dirección de Tulio Demicheli.

Con Rubén Rojo.

Con Tulio Demicheli.

RING, RING...
SEÑOR
URUCHURTU

Cantar y bailar me apasionaba, y como te conté al principio, había tomado clases desde muy jovencita y, ya de adulta, continué con clases particu-
lares en un pequeño estudio que construí en mi casa. Al final de la década
de 1950 todos andábamos en la búsqueda de novedades culturales para
ofrecer al público. Mientras estaba de viaje por Nueva York con Emilio,
René Anselmo y Luis de Llano Palmer, vimos mucho teatro; yo quería
hacer un musical, no había nada así en México. Me ofrecieron *The Red
Hair*, pero requería de una bailarina que ejecutara un *split* y en ese momento yo no estaba capacitada todavía para un papel así. Fue entonces
cuando me topé con la obra que yo quería hacer: *Bells Are Ringing*, que
habían estrenado en Nueva York Judy Holliday y Sydney Chaplin, uno
de los hijos de Charles Chaplin.

Me enamoré del montaje desde que lo vi, y como ya sabes que soy un
poco testaruda, no paré hasta que en 1958 presentamos en el Teatro del
Bosque el primer musical en México: *Ring, ring, llama el amor*. Con orquesta en vivo y una nómina muy alta para la época, 12,000 pesos, dio inicio
este ambicioso proyecto. El productor era Emilio Azcárraga, con quien
había visto la obra, René Anselmo como productor ejecutivo, el director
Luis de Llano Palmer y yo como cabeza de compañía y estrella. De esta
comedia surgieron Alberto Vázquez, Begoña Palacios, Marta Rangel, Manuel *El Loco* Valdés, Guillermo Rivas, entre otros.

De izq. a der.: Inés Nieto, Eva Luz Hernández Bravo, maestro Enrico Caviatti, Gloria, Felipe Cantón, Chaneca Maldonado, Jaime Saldívar, Fernando Hernández Bravo. Abajo: René Anselmo (productor), Emilio Azcárraga y Luis de Llano Palmer.

Aunque estábamos seguros de que la obra sería un éxito rotundo, también sabíamos que con el precio del boleto no alcanzaba para pagar los gastos del montaje, personal, impuestos, publicidad y el mantenimiento de un teatro de más de 1,000 butacas. Entonces tuvimos una idea, de la que nos arrepentimos…

Todos los teatros en aquel tiempo cobraban 12 pesos la entrada a función. Ernesto P. Uruchurtu era el regente de la ciudad de México, así que le pedimos a él que nos autorizara subir el precio del boleto debido a la calidad del espectáculo y la nómina tan alta que debíamos cubrir, ya que contábamos con orquesta en vivo y más de 30 artistas en escena. Gentilmente nos autorizó elevar el costo a 22 pesos, pero qué crees, el día que abrimos taquilla al público mandó hacer una zanja en todo el frente del teatro, impidiendo que el público pudiera llegar a la taquilla para comprar los boletos. Yo fui a verlo para decirle lo que nos estaba afectando, pero no hubo manera de convencerlo y dejó la zanja todo el tiempo que quiso.

Le pedí que nos dejara continuar con la función aunque fuera con el precio anterior. Entonces, Uruchurtu quedó conforme y mandó tapar una parte de la zanja para que la gente pudiera acceder a la taquilla. En fin, lo hicimos por amor y nos convertimos en pioneros del género. El montaje fue redondo, perfecto y el público salía encantado. Ese fue nuestro mejor pago. Sin embargo, solo pudimos mantener la temporada en el DF un mes. Emilio no dijo nada de las pérdidas, pero René Anselmo arregló todo para presentarla en provincia.

Por fortuna, en la gira recuperamos toda la inversión y vimos muy buenas ganancias. La primera plaza fue Monterrey, en el cine Florida, donde cabían tres mil personas. Llegó el éxito económico, sacábamos el dinero literalmente en maletas, con lo que pudimos pagar y ganar. Finalmente no pudimos estar en otras plazas porque la obra era muy cara, pero eso sí, cerramos la temporada con teatro lleno.

El representante de Judy Holliday, la actriz que estaba haciendo la obra en Nueva York, vino a ver el montaje y me ofreció contratarme, meterme a estudiar inglés, actuación, baile, canto y montar un espectáculo para que yo debutara a lo grande en Broadway. Me sentí halagadísima y le agradecí su ofrecimiento, pero no acepté. En México ya tenía un nombre y una trayectoria, era demasiado esfuerzo empezar desde cero. Aunque me gusta el país, el idioma se me dificulta, lo que no me sucedía con el italiano y el francés. Me dijo que perdía una buena oportunidad y me dejó su tarjeta. Nunca le hablé y no me arrepiento. Imagínate, ese año hice dos películas, aparte de la obra: *Desnúdate, Lucrecia*, con Gustavo Rojo y Domingo Soler, y *Una cita de amor*, con Carlos López Moctezuma, dirigida por Emilio Fernández y basada en la novela *El niño de la bola*, de Pedro Antonio de Alarcón.

Después vinieron varios musicales más: *Annie es un tiro*, *Irma, la dulce*, *Gipsy*, con mi hija Alejandra; *Mame*, la cual hice varias veces durante 17 años; y *¿Qué tal, Dolly?*, pero de los cuales te platicaré más adelante. La comedia musical me gusta por la fuerza que puede dar la música unida a la palabra, por la capacidad de mover y hacer vibrar; esa combinación que en escena provoca la magia del teatro.

EL GÜERO

Era Virgo, igual que Emilio, y no es que yo le dé mucha importancia a esas cosas del horóscopo, pero por alguna razón siempre tuve presente las cualidades de ese signo zodiacal. Dicen que son conservadores, perfeccionistas y, generalmente, guapos.

Estaba trabajando en el teatro 5 de Diciembre como actriz y productora de la obra *La sed*, junto con Ernesto Alonso y Pedro López Lagar; por cierto, Rafael estaba también como empresario del montaje. A la fecha puedo presumirte que he sido amiga de todos mis ex, bueno, de casi todos… El día del estreno, Fanny Schatz estaba entre los invitados, acompañada de un muchacho guapísimo. Todas volteamos a mirar a su acompañante y nos preguntamos quién era.

Fanny me saludó diciendo que había alguien a quien me quería presentar, yo fingí indiferencia y le dije: "Sí, claro… ¿a quién?" "Enrique Rodríguez Alday, el *Güero*", dijo señalándolo. Sonreí ligeramente, ya sabes, cuando no quieres coquetear… pero lo haces. "Ah, mucho gusto", nos dimos la mano. Ese sí que era un galán, no como los inyectados u operados de ahora, era un naturalito cromo masculino, con muchos más atributos. ¡Flechazo! Era divertido, joven, guapérrimo, rico, exitoso empresario y muy trabajador. Me preguntó qué haría después de la función, si tenía planes; Fanny mencionó que ellos pensaban ir al Jacarandas y luego al Focolare, un centro nocturno de moda, a bailar. "¿Por qué no nos alcanzan allá?", dijo rápidamente Enrique. "Ah, sí", respondí con mi mejor tono de desinterés. "Sí, tal vez vaya, vayamos, ¿verdad, Gloria?", no le di tiempo a mi amiga Gloria de contestar cuando afirmé: "Sí, los alcanzamos más tarde".

¡Claro que iría! Fui con Gloria, su novio Felipe y Luis R. Montes. En el Jacaranda estaban unos actores ingleses muy famosos, entre ellos uno que era precioso, Michael Rennie, que no paraba de sacarme a bailar. El Güero, que ya estaba ahí, no dejaba de mirarme; en la primera oportunidad que tuvo me pidió una pieza y, para disgusto de los ingleses, no me soltó, bailamos toda la noche. Al salir lo llevamos a las oficinas de su empresa, era maderero. Lo dejamos ahí y cada quien se fue para su casa.

Enrique quería que nos viéramos al día siguiente, pero yo no podía, tenía presentación junto con María Elena Marqués en el Teatro Degollado de Guadalajara, pero le prometí que lo llamaría en cuanto regresara.

A la mañana siguiente fui a Guadalajara, y cuál sería mi sorpresa al encontrarlo en las escaleras del hotel, esperándome. Ahí me volvió loca de amor y se convirtió en el Güero, fue un romance precioso. Estaba divorciándose, tenía una niña que era su adoración, pero había problemas con el proceso de separación. Yo no le exigía mucho, pero tampoco estaba dispuesta a ceder demasiado.

Nunca he dejado mi vida por nadie. En ese momento el trabajo era abundante, tenía que hacer cabaret, teatro, cine y televisión, por lo que buscábamos momentos para estar juntos.

Un día, el Güero me confesó una "travesura": tomaría clases de aviación. Yo no estaba conforme, era una travesura muy seria y peligrosa, aunque poco valió mi opinión, la decisión estaba tan firme que al poco tiempo obtuvo su licencia y se compró un avión, iba a todos lados en él.

Era el cumpleaños de su hija, me pidió que lo acompañara al puerto de Acapulco para verla, iríamos en el avión y regresaríamos a tiempo para la transmisión del programa. Yo estaba haciendo el televiteatro en vivo y no quise arriesgarme a llegar tarde, así que no insistió. Se despidió prometiéndome que volvería por la noche para ir a cenar.

Estaba en Televicentro, ensayando el programa, cuando una secretaria me avisó que me presentara en la oficina de Luis de Llano Palmer.

Emilio estaba esperándome ahí porque le urgía hablar conmigo y entonces me lo dijo. El Güero había muerto, su avioneta se había desplomado y no había sobrevivientes; se mató junto con Roberto, un gran amigo suyo.

Me quedé afónica del impacto. Hice el programa como pude, al terminar volví a la oficina de Luis, lloré durante horas. Emilio me consoló porque ya sabía lo que era perder a un ser querido. Él había perdido a su primera esposa y a su bebé.

Hasta la fecha suelo visitar su tumba y todavía lo extraño. Era muy lindo el Güerito, y la relación iba muy en serio, íbamos a casarnos. Amor frustrado, esperanzas cortadas y mucho dolor.

Así que me quedé sola de nuevo, con mi hija, mi trabajo y mis amigos. Emilio y yo intentamos reavivar nuestra relación y volvimos, pero yo ya no me sentía cómoda. Le tenía un cariño entrañable, una amistad a toda prueba, pero la llama del amor y la pasión se había apagado; decidimos dejarlo y continuar con nuestra amistad.

En ese año, 1958, hubo dos películas, nuevamente dirigidas por Tulio Demicheli, *El hombre que me gusta*, con Arturo de Córdova, y en Madrid

Con Gustavo Rojo y Fernando Cortez a mi llegada a España.

una coproducción entre México y España: *Las locuras de Bárbara*, con Dolores Bremón, Juan Calvo, Antonio Casal, Rubén Rojo, Martha Padován, entre otros muchos. También en ese mismo año filmé en México, dirigida por Emilio *El Indio* Fernández y con fotografía de don Gabriel Figueroa: *El puño del amo*, que al final terminaría por llamarse *Una cita de amor*, al lado de Carlos López Moctezuma, Jaime Fernández, José Elías Moreno, Agustín Fernández y Amalia Mendoza *La Tariácuri*, con quien canté a grito pelado en la cinta la canción *A los cuatro vientos*, de Tomás Méndez. Durante la filmación, El Indio ordenó que nadie saliera de la hacienda donde estábamos trabajando, debíamos permanecer en ella día y noche hasta que terminara el rodaje de la película. Yo me ponía de acuerdo con una de las peinadoras para escaparme, estaba encerrada desde las 7 de la mañana grabando y cortaba filmación hasta las 6 o 7 de la tarde, quería ir a mi casa para ver a mi hija, a mi abuelita y al novio que tenía. El Indio Fernández resultó un tirano, no me daba chance prácticamente de nada.

Con Emilio *El Indio* Fernández.

Con Jaime Fernández.

Siempre trabajé muchísimo, pero con la pérdida del Güero me concentré en mi trabajo y en mi familia. No tenía ni un momento para mí, porque la artista, la Pinal, estaba siempre en los medios, y de esa forma evadía el dolor que llevaba dentro. Una situación que a don Gregorio Wallerstein no le gustaba nada era que mi imagen estuviera constantemente en los medios. Me decía que no era bueno para mi carrera, que debía dejar de estar tan presente para no saturar mi imagen, así que se puso de acuerdo con Tulio Demicheli para mandarme a Europa.

En *Una cita de amor*.

En el bar Chicote, Madrid, España

Y QUE LLEGO A EUROPA

La muerte del Güero me marcó. Su recuerdo y la imagen de aquel fatal accidente me perseguían, así que hice caso a los consejos de don Gregorio y Demicheli. Viajé a España para rodar una película, quién iba a decirme que al pasar el tiempo filmaría durante esa misma estancia tres cintas más...

España es un país al que amo y al que desde que me casé con Rafael fui conociendo a través de él y sus padres. Me gusta su gente, su arte y, mucho, su comida. Pero durante esta larga estancia pude realmente constatar la grandeza del pueblo español, recorriendo las calles de lugares como Madrid y Barcelona, estando en contacto directo con los españoles y encontrando tantas similitudes con México.

Bueno, pero como te iba contando, viajé a España y como la estancia sería más o menos larga, llevé a mi hija Silvita conmigo, apenas tenía unos nueve añitos. Nos instalamos en Barcelona, en un edificio divino de Gaudí, ubicado en un barrio precioso con jardines maravillosos. Qué razón tuvieron don Gregorio y Tulio Demicheli, el cambio de ambiente me sentó muy bien. En cuanto llegamos tuve que correr a hacer las pruebas de vestuario y lecturas de guión para iniciar el rodaje de la película, teníamos el tiempo encima. Así que entre lecturas y citas con las modistas, me di a la tarea de buscar el mejor colegio de monjas para que mi niña continuara con sus estudios.

Y a mediados de 1959 iniciamos la filmación de la película *Charleston*, al lado de Alberto Closas, Pastor Serrador y Lina Canalejas, ambientada en los años veinte, muy a tono con la moda que había impuesto Sara Montiel con el filme *El último cuplé*. Es una comedia deliciosa en la que interpreto a Beatriz, una joven de sociedad que es obligada por sus padres a comprometerse con Javier, su amigo desde la infancia. La realidad es que ellos están interesados en otras personas, pero a lo largo de la cinta, mientras fingen el amor, se enamoran de verdad. Aparte de actuar, hacía varios números musicales, entre ellos "La chula tanguista". Cómo disfruté este número, finjo ser una norteamericana que, un poco pasada de copas, se sube a cantar al escenario del cabaret de moda, simulando ser una gran *vedette*.

Con Matilde Muñoz Sampedro, Alberto Closas y Luis Orduña.

Tras la filmación de *Charleston* viajé a Roma para rodar bajo la dirección de Giorgio Bianchi *Uomini e gentiluomini*, en México se llamaría *Hombres y gentilhombres*, pero luego le cambiaron el nombre y terminaron por ponerle *Pan, amor y Silvia*. Actué junto a Vittorio De Sica, un hombre muy reconocido como director y creador del llamado neorrealismo. Es una comedia sobre la aristocracia italiana, en la que interpreto a Giovana.

Vittorio De Sica me ayudó muchísimo con algunos consejos actorales, pero sobre todo con el idioma y la pronunciación; yo en ese momento no hablaba casi nada de italiano. Luego lo aprendí y, la verdad, actualmente lo hablo y lo entiendo bastante bien. Pero al momento de la filmación de la película, sí que me costaba mucho trabajo. Aunque lo entendía y pronunciaba mucho mejor que mi contrafigura femenina, la alemana

Con Elke Sommer y Vittorio De Sica.

Elke Sommer, con quien a pesar de la barrera del idioma nos hicimos muy amigas; entre otras cosas, yo terminaba pidiéndole siempre su comida, porque a la pobrecita no le entendían nada. Nuestro plato preferido: *pasta e fagioli* (frijoles con pasta).

Durante mi estancia en ese país salí con un actor italiano divino, Renato Salvatori, y aunque nuestra relación fue muy breve, la disfruté muchísimo. Cómo me gustaba escucharlo mientras me decía: "*Silvia, Silvana, ti amo. Ma non mi capisci… cosa ti succede*". En verdad que era un encanto, pero definitivamente no era el hombre con quien hubiera pasado toda mi vida. Al pasar de los años, Renato vino a México a filmar una película, me dio un gusto enorme verlo, se había casado con una famosa actriz francesa, Annie Girardot; al poco tiempo de haber visitado México murió, era muy joven, apenas había cumplido 55 años.

***

Al terminar la filmación regresé a Barcelona y lo primero que hice fue correr al colegio de monjas donde estaba internada Silvita, mi hija, para verla y estar con ella. En verdad que la encontré feliz, había hecho grandes amiguitas. Las monjas la querían y la trataban como a una verdadera muñeca. Durante unos días pude disfrutar de su compañía, paseamos juntas

Con Adolfo Marsillach.

Con Antonio Queipo, Guadalupe Muñoz Sampedro, Adolfo Marsillach y Julia Caba Alba en *Maribel y la extraña familia*.

por cuanto lugar pudimos, pero el trabajo seguía llegando y al poco tiempo ya estaba en los ensayos de mi siguiente película.

Bajo la dirección de José María Forqué inicié el rodaje de *Maribel y la extraña familia*, una obra teatral del maestro Miguel Mihura y adaptada por él mismo para versión cinematográfica, en la que compartí el crédito estelar con Adolfo Marsillach, interpretando a una prostituta. A don Miguel le gustó tanto mi trabajo que se arrepintió de haberle vendido unos meses antes los derechos de la obra a Manolo Fábregas para que la montara en México. Trató de revocar la venta, pero al no lograrlo llamó a Manolo para sugerirle que la hiciera conmigo. Pero ese necio de Manolo, en cuanto se enteró de que estaba a punto de volver a México, contrató a Sonia Furió y la puso en un tiempo récord, solo para dejarle claro a Mihura que si bien él era el autor de la obra, los derechos en México ya eran suyos. Lamentablemente para Manolo, la obra no funcionó y al poco tiempo la quitaron de cartelera.

Durante esa época conocí a Victoriano Valencia, un guapote y simpático torero español que de paso era abogado; acababa de realizar su confirmación de alternativa en la Plaza de las Ventas, en Madrid. Tuvimos un romance corto pero muy intenso, ambos vivíamos en Barcelona, nos quisimos mucho, estaba necio que quería casarse conmigo. Luego viajó por España y Latinoamérica para torear y la distancia enfrió nuestra relación.

Aun cuando el romance ya había terminado, mientras estuvo fuera de España me escribía cartas preciosas en las que me juraba amor eterno. A mí me encantaba leerlas, pero a quien no le gustaba nada que lo hiciera era a su hermano, que no me quería; decía que el pobre Victoriano consumía las horas escribiéndome y por mi culpa no dormía nada.

Al pasar de los años he vuelto a ver a Victoriano en alguna comida o corrida de toros en México. Se retiró como torero, pero se volvió el representante y, posteriormente, suegro de Enrique Ponce, otro matador a quien admiro. De Victoriano guardo un muy buen recuerdo.

Finalmente trabajé en *Adiós, Mimí Pompón*, una divertida comedia basada en la obra de Alfonso Paso y con la adaptación al cine de Luis Marquina. Mi galán, Fernando Fernán Gómez, un actorazo español. En la cinta interpreto a Mimí Pompón, una famosísima cantante de *cuplé* que deja su carrera por casarse con Heriberto. El problema es que ambos han enviudado unas cinco veces y en circunstancias sospechosas, así que la trama es sobre quién será el que sobreviva al matrimonio. El vestuario que utilicé durante la grabación era increíble: unos vestidos preciosos y una cantidad de tocados con plumas, que me fascinaban.

***

Mientras trabajaba en España coincidí, entre otros, con Angélica María, Alfonso Arau, Jaime Rentería y Armando Calvo, un buen amigo y actor sensacional. Usualmente solíamos reunirnos y platicábamos mucho. Un día le comenté a Armando: "¿Sabes?, yo creo que para mí ya no hay más que trabajo, así que mejor me olvido de romances".

Él no me respondió nada, pero al poco tiempo me llevó con uno de sus maestros de astrología, se llamaba Aulestia, y me dijo: "Está a punto de llegar el gran amor de tu vida..." Por supuesto que no le creí.

A la par que continuaba con la filmación de *Adiós, Mimí Pompón*, conocí a Chucho Arroyo, quien había ido a Barcelona para comprar trajes de torero; nos hicimos muy amigos, hasta la fecha seguimos conservando una buena amistad. Por Arroyo conocí más de cerca el mundo de los toros y de los toreros. En algunas ocasiones le pedía su coche, un Lincoln negro descapotable, y lo llenaba de gitanos para irme de parranda. No sé cómo no nos matamos circulando por esas callecitas tan pequeñas; imagínate, ¡yo era la que manejaba! Me encantaba ir a los "tablaos" y convivir con los toreros.

Conocí a uno al que le llamaban "El niño sabio de Camas", era un sevillano impactante, Paco Camino.

Una noche me invitó a su finca, un lugar precioso lleno de toros bravos y un pequeño ruedo. Ahí, en medio del campo y con la luna como testigo, me hizo el amor.

Por supuesto que no fue el "gran amor" que el astrólogo me había vaticinado, aunque aquella noche el matador hubiera merecido paseíllo, vuelta al ruedo e indulto.

***

Regresé al colegio por Silvita, pero las monjas no querían que me la llevara, decían que la niña era muy devota y que debía dejarla para que profesara...

¿Qué?, no, gracias, ¿dejar a mi hija?, nunca. ¿Silvita monja?... Ja, ja, ja.

Volví a México a mediados de 1960, plena y feliz por el trabajo que realicé en Europa. Además, con el firme propósito de reincorporarme de inmediato al teatro, la televisión y, sobre todo, al cuidado directo de mi hija y de mi casa. Fue la primera vez que me ausenté durante tantos meses de mi país, me urgía ponerme al día y también reanudar mi vida social. Quién iba a decirme que al poco tiempo de volver la predicción del astrólogo catalán se cumpliría…

JAPONESA

~⚬~

La verdad, me costó muy poco trabajo reincorporarme por completo a mi vida. Una vez que mis amistades se enteraron de que había regresado a México no paraban de invitarme a comidas y cenas para celebrar mis logros en el cine euro-peo. En una de esas fiestas que organizó Ernesto Alonso en su casa de Las Campanas vi por primera vez a Gustavo Alatriste, empresario mueblero, quien estaba todavía casado con Ariadna Welter. Aunque el matrimonio estaba distanciado, según me contó Ernesto, en algunos actos sociales fingían que todo estaba en orden, a sabiendas de que ya casi todos conocían lo que pasaba entre ellos. Gustavo llegó a la fiesta acompañado de su cuñada, Linda Christian, casada entonces con el actor Tyrone Power, ¡ay, un cuero de hombre! Linda era encantadora, en cambio Ariadna era más bien creída, y Gustavo, qué te digo, era todo un rompecorazones.

Con Gustavo Alatriste.

Estábamos muy animados durante la cena, cuando de pronto Ernesto, que se había sentado a mi lado, desapareció y en su lugar se sentó

Gustavo, ¡par de cínicos! Más tarde Ernesto me confesó que Gustavo le había ofrecido, a cambio de sentarse a mi lado, lo que él quisiera. El costo fue un carísimo jarrón japonés.

Poco tenía yo que ver con mueblerías, y si Gustavo se hubiera centrado en ese tema durante la conversación, lo nuestro no habría pasado a más, pero descubrí en esa cena a un hombre interesantísimo, inteligente y, sobre todo, ingenioso. Sin darme cuenta, la predicción del astrólogo de Barcelona se cumplió.

La relación cuajó muy pronto, me convertí en su "Japonesa", y él en el gran amor de mi vida. Un hombre divertido, amoroso, desprendido, que le gustaba hacerme regalos y tratarme divinamente; hábil para los negocios y muy trabajador.

Ambos teníamos ganas de emprender nuevos proyectos, juntos no le temíamos a nada. Le di la idea y luego lo ayudé a consolidar un proyecto editorial que funcionó muy bien con las revistas *La familia* y *Sucesos para todos*. Por cierto, el director fue Gabriel García Márquez, quien con su estilo "colorado" nos ayudó a revivirlas y a ganar muchísimo dinero.

Unos años después le pedí a Gabo que me escribiera una historia para una película y así lo hizo, pero cuando Gustavo y yo la leímos, nos fuimos para atrás; era larguísima, filmarla completa hubiera dado como resultado una cinta de más de tres horas. Finalmente hicimos una especie de extracto que rodamos en Río de Janeiro en 1966, se tituló *Juego peligroso*.

De izq. a der.: Gustavo Alatriste, Dolores del Río y Ricardo Montalbán.

Con Felipe Cantón, Gustavo, Gloria e Ives Gautier.

Gustavo era muy bueno para escuchar consejos y, aquí entre nos, a mí me encanta darlos. Muchas noches a la hora de dormirnos y tras oír todas las ideas que le daba, solía decirme en broma: "Tú me aconsejas, luego te das la vuelta y te duermes". Fuimos una pareja extraordinaria, siempre nos apoyamos. Un día me preguntó: "¿Qué quieres hacer, Japonesa?, quiero corresponder con algo a lo mucho que me has ayudado.

En ese momento recordé un viejo sueño: "¡Trabajar con Buñuel!"

Gustavo y yo nos habíamos casado en una ceremonia civil en mi casa en 1961 y con el pretexto de la luna de miel que habíamos pospuesto por compromisos de trabajo, decidimos viajar para buscar a Buñuel. Don Luis para ese entonces ya vivía en México, pero todos los años iba durante unos meses a su pueblo Calanda, en la provincia de Teruel, en la comunidad de Aragón, España. Ahí tenía una casa preciosa, visitaba a los suyos y practicaba uno de sus más grandes *hobbies*: tocar el tambor. Así que sabiendo que se encontraba en España, preparamos las maletas y nos fuimos a buscarlo.

En ese momento, el país estaba al mando de Francisco Franco y atravesaba por una situación política complicada. Las ideas y propuestas del famoso cineasta tenían que adaptarse al sistema, pues cualquier idea vanguardista, o que para el gobierno fuera subversiva o contraria a lo que llamaba la buena moral, era censurada.

Yo estaba determinada a trabajar con Buñuel, lo admiraba profundamente por el excelente trabajo que hacía en cine, y conseguí que

Paco Rabal, actor y director español, concertara un encuentro en el Hotel Plaza de Madrid. Le dije a Gustavo que me prometiera que no le iba a poner objeciones y que accediera a lo que don Luis quisiera. Ya en la cena los presenté y, aun cuando ya habían tenido un breve contacto durante la filmación de la película *Ensayo de un crimen*, en la que participaba Ariadna Welter, entonces esposa de Gustavo, don Luis no lo recordó.

"¿Y él quién es?, ¿productor, director?" "No, don Luis", le dije, "es mi marido y es mueblero". "¿Y por qué un mueblero quiere hacer cine?" "Porque me ama", le dije sonriendo. "¡Ah!", respondió muy serio, "es una muy buena razón".

Por la historia, el libro cinematográfico y la dirección pidió 75,000 pesos. Era muchísimo dinero para esa época, pero claro que él lo

valía. Gustavo le extendió un cheque por el doble, y cuando don Luis vio la cantidad, no lo podía creer.

"Esto es muchísimo", dijo.

Gustavo le respondió que no valía menos que eso.

Y ahí comenzó una excelente amistad entre las dos parejas: Buñuel, Jeanne, su mujer; Gustavo y yo. Gustavo se convirtió en su mecenas y mejor amigo. Don Luis lo adoraba, y nosotros a él.

Con Silvita y Gustavo en nuestra boda.

VIRIDIANA O LAS ANDANZAS
VIRIDIANESCAS
DE SILVIA PINAL
Y GUSTAVO ALATRISTE

Hablar de *Viridiana* es hablar de muchas cosas significativas, sin las cuales mi vida no sería la misma. Es la parte más importante de mi carrera, la película que más satisfacciones me ha dado y, por supuesto, el nombre de mi amada hija.

Viridiana fue el nombre que Buñuel tomó para la película y su protagonista. La historia está basada en una vieja fantasía del propio Buñuel y en un pequeño cuadro que vio en el Museo del Chopo, en la ciudad de México, en el que una monja vestida con un camisón de manta rezaba frente a una corona de espinas y unos clavos. Esta imagen lo impresionó, me contó varias historias que armó alrededor de ese enigmático cuadro. Una beata que refleja gran ternura y a su vez un profundo dolor; un retrato fuerte y, como él decía, una trágica historia detrás de ese sencillo lienzo religioso.

Luis Buñuel.

Don Luis comenzó a trabajar en la historia junto con Julio Alejandro, un hombre maravilloso. El guión de la película *Viridiana* se escribió en la sala de mi casa y, a la par, se selló una bella amistad con mil complicidades. Al hablar del guión, solía decir que eran las "andanzas viridianescas", de ahí el título de este capítulo. Buñuel en el fondo era un niño; entre otras cosas, se divertía haciéndole bromas a su hermana Concha con el perro, o se ponían a volar avioncitos de papel y el perdedor en el juego debía comérselo.

Ahí me enteré, entre otras cosas, de que Buñuel odiaba a Dalí porque aseguraba que él había vendido al régimen a Federico García Lorca, a quien fusilaron en 1936 por sus ideas liberales. Por su parte, Gustavo consiguió que los españoles Pedro Portabella y Ricardo Muñoz Suay llevaran la producción ejecutiva.

Fiel a su condición de republicano español, también insistió en que filmáramos en unión con Juan Antonio Bardem y Domingo González Dominguín. Todos debían ser de izquierda, en una España cuyo régimen franquista prohibía pensar, retar, transgredir... Y la propuesta de *Viridiana* exhibía todos esos yugos.

En la primera lectura del guión me pareció que había dos historias y que sería complicado contar ambas. Para ese entonces la amistad era tan estrecha, que me atreví a comentarle a don Luis lo que pensaba. ¿Y qué crees?, Buñuel aceptó mi sugerencia e hizo un par de ajustes para agilizar las historias, pero no quitó ninguna.

Gustavo quería filmar en Madrid y tuvimos que ostentar en todo momento el pasaporte mexicano. Por fortuna para nosotros, Buñuel ya se había nacionalizado mexicano y debido a ello pudimos conseguir el permiso para filmar en Madrid.

Para los exiliados en México, don Luis los había traicionado y lo acusaban de haberse vendido al régimen de Franco. Eso era una gran mentira, pero en ese momento no había tiempo para aclaraciones, era bastante el tiempo y dinero invertido como para detener el proyecto. La locación se haría en una vieja finca en las afueras de Madrid, en tanto que los interiores se rodarían en los estudios de Bardem.

Solo quedaba elegir el reparto: Fernando Rey, Paco Rabal, Margarita Lozano, Victoria Zinni, José Calvo... "¿Y Viridiana ?", pregunté.

"Viridiana es usted", me dijo Buñuel.

Con Luis Buñuel.

Durante la filmación de *Viridiana*.

Fue una sorpresa. No es que no quisiera, tampoco que no lo hubiera pensado. ¡Claro que sí!, pero nunca le pusimos esa condición. El ofrecimiento, que gustosa acepté, surgió de él. Buñuel decía que yo proyectaba lo mismo pureza que indecencia, y eso era justo lo que quería que la cámara captara, él lo tenía bastante claro.

Viridiana era un personaje difícil, una beata sin sangre en las venas, como decía una de las líneas del guión; un papel muy alejado de lo que hasta entonces había interpretado. Don Luis era un hombre muy complejo, nos escuchaba y hablaba mucho con nosotros, pero al final hacíamos lo que él quería. En verdad que era un genio, un hombre sumamente inteligente. Antes de empezar el primer día de filmación, él ya tenía la película completa en la cabeza.

El vestuario de los mendigos lo compraron directamente a los indigentes de la ciudad, y así tuvieron que usarlo los actores. Desinfectado pero sin lavar. Los mendigos eran como sacados de un cuadro de Goya o de Velázquez, y recuerdo a uno en particular: el leproso.

Don Luis se empeñó en que uno de los personajes fuera un auténtico indigente, el leproso fue elegido para ello. Era espantoso, porque todos los días tenían que bañarlo; tampoco comía, así que debían forzarlo a comer. En cuanto a los diálogos, difícilmente lograba decirlos. Recuerdo el día en que hicimos la escena del intento de violación de los pordioseros a Viridiana. El leproso tenía que darle un golpe en la cabeza con una botella a Paco Rabal. El hombre estaba tan nervioso que consiguió alcohol y se la pasó bebiendo hasta el momento de la toma, lo cual le provocó un estrago espantoso en el estómago y no pudo contener la diarrea. Don Luis dejó correr la toma, y el hombre, con el pantalón manchado, corría detrás de mí, y yo huía de él con verdadero terror y asco.

Volvíamos a revisar el guión y cada vez que lo hacíamos le suplicaba a don Luis que le diera una salida digna a esa mujer, le pedía que al menos conociera el amor. Ya el mundo se había burlado de ella, todos habían querido humillarla, no le quedaba nada; siendo monja, se creía violada sin haber sido nunca tocada. Pero él, muy hábilmente, me dijo que ella al final aceptaría la realidad y se volvería productiva, que labraría la tierra y tendría hijos. Viridiana, me dijo, es como un Quijote con faldas, y con ese argumento me convenció.

El censor, un señor Muñoz Fontán, que era el Ministro de Cinematografía en España, había leído el guión y no dijo nada respecto a la parodia de la última cena, ja, ja, ¿se habrá dado cuenta? Censuró solamente la escena final, esta tendría que cambiarse. Curiosamente, él mismo le dio la solución: que en lugar de que Viridiana terminara sola en el cuarto con su primo, ella, junto con la criada y el joven, jugaran al tute (*ménage à trois*), lo cual le daba una implicación abiertamente sexual. A don Luis le pareció genial, no supimos por qué hasta que vimos la película terminada. Esta última escena apoyada en el texto que cierra la historia: "No me lo va a creer, pero la primera vez que la vi me dije, mi prima Viridiana terminará por jugar al tute conmigo", hizo que ese segundo final fuera definitivamente más fuerte que el primero.

Con Francisco Rabal y Margarita Lozano, escena final de *Viridiana*.

En la primera exhibición tanto a Alatriste como a mí nos pareció un poco lenta, yo seguía sintiendo que ahí había dos historias. Buñuel no se inmutó y dijo que le daría un poco más de velocidad. Al día siguiente, el filme estaba ajustado y no se notaban los cortes. Ese don Luis también era un genio en la edición.

Conscientes de que tendríamos la censura encima decidimos hacer varias copias del negativo. Una la enviamos a Cannes, para nuestra sorpresa fue elegida para exhibirse y concursar en el festival. Nos dieron el peor horario: el último día del festival y a las tres de la tarde, hora en que todos comían. No estábamos contentos con el espacio, pero por lo menos la película había conseguido estar en el festival.

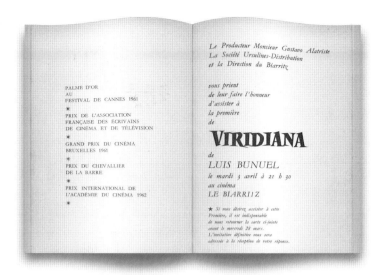

A la exhibición solo pudo asistir Gustavo, el resultado: prensa y público ovacionando enloquecidos. La película había impactado, pero no solo eso, los titulares del día siguiente relataban que Buñuel había mandado una "bomba" al festival. Lo que sucedió después fue la nominación a la Palma de Oro.

El día de la entrega de premios estábamos todos invitados, emocionadísimos al oír la nominación, era 18 de mayo de 1961. Buñuel había olvidado el frac en Madrid y todo estaba cerrado el día del evento, así que no pudo asistir a la ceremonia. Yo estaba nerviosísima, llegué de largo, enjoyada, arregladísima. Al llegar al lugar de la cita busqué la invitación en mi bolso... la había olvidado en el hotel.

Tenía el tiempo justo para entrar y ahí me quedé, afuera del cine, ¡imagínate!, peleando con el policía de la entrada, sin saber apenas francés y señalándole que estaba en el póster, que era la protagonista y que me dejara entrar. Lo conseguí pero tarde. Al entrar, escuché que el primer premio del festival había sido otorgado a *Viridiana*; vi acercarse al escenario a un señor peloncito, chaparrito...

Cuando escuché al presentador mencionar su nombre, me resultó conocido: ni más ni menos que Muñoz Fontán, quien antes había sido el censor del guión, el Ministro de Cinematografía de Madrid recibía, a nombre de España, la Palma de Oro.

La película se estrenó en Italia unos días después. Pero ahí no acabó la historia. Te cuento...

Con Fernando Rey en *Viridiana*.

Con Fernando Rey y Margarita Lozano en *Viridiana*.

Francisco Rabal en el Festival de Cannes.

VIRIDIANA

LE CHEF-D'ŒUVRE DE
LUIS BUNUEL
AVEC
SILVIA PINAL
FRANCISCO RABAL - FERNANDO REY

¡Y CON LA IGLESIA HEMOS TOPADO!

De verdad que no podíamos creerlo. Una película como *Viridiana* era esperada en Italia por el público gracias a toda la publicidad que se generó con el premio, creíamos que teníamos el éxito asegurado. ¿Sí?, ¡pues no...! Buñuel llamó a nuestro hotel en Madrid y nos leyó la orden de censura que reproducía *L'Osservatore romano*:

"¡Con la Iglesia hemos topado!, dijo Buñuel. El Vaticano denuncia a *Viridiana* por blasfema".

Sí, el mismísimo Vaticano había prohibido la exhibición y amenazaba con excomulgarnos; según ellos, *Viridiana* ofendía los principios de Dios y, sobre todo, de la Iglesia. No había salvación ni cortes que se le pudieran realizar al filme, además tanto Buñuel como nosotros nos habríamos opuesto a ellos. Definitivamente, la película no se exhibiría en Italia. Tendrían que pasar muchos años para que se le diera el justo valor y reconocimiento que merecía.

Francisco Franco, católico recalcitrante, se enteró de la censura eclesiástica y al parecer pidió una copia pero no terminó de verla. Furioso, llamó a Muñoz Fontán y lo destituyó, reclamándole que se hubiera presentado el sacrílego filme en nombre de España. Ordenó recoger todas las copias de la película para que fueran destruidas y no quedara rastro de ella. En cuanto a Muñoz Fontán, nunca más volvió a tener un cargo público, terminó en los sótanos del Ministerio y murió al poco tiempo, yo creo que del disgusto.

Esta censura provocó que otros países, temerosos tal vez por las represalias económicas o diplomáticas, nos cerraran las puertas. El Ministerio español nos exigió entregar todas las copias de la película. Sabíamos que de no hacerlo las consecuencias podrían ser muy graves; sin embargo, yo decidí arriesgarme.

Ponte en mi lugar: una película premiada en Cannes, el trabajo de mi vida, mi sueño, el dinero de mi marido y el mío invertido en ella. Todo aquel esfuerzo ¡iba a quemarse por decreto! Nunca.

Tenía que haber una salida, todos estábamos buscando soluciones, entonces a mí se me ocurrió pedir ayuda a Luis Miguel Dominguín y a Lucía Bosé. Nos citamos en su casa, les di un par de copias y la solución no pudo ser más simple: enterrarlas en su jardín.

Buñuel cruzó a Francia con algunos negativos, Alatriste y yo regresamos a México y traje conmigo algunas copias como equipaje de mano.

Me temblaban las piernas en la aduana, yo pensaba... Ay, Silvia, estás más loca que una cabra, imagínate si te cachan. Por fortuna, los empleados me reconocieron y comencé a dar autógrafos... Y me sentí más segura. ¿El equipaje?, ah, sí... "películas personales caseras". Así fue como *Viridiana* pasó de contrabando a México.

Dominguín dejó enterrada por un tiempo la copia que le dejé, luego empezó a hacer exhibiciones privadas en su casa, pero después la gente de Franco lo descubrió y se las llevó, requisadas.

Unos años después de la caída del régimen de Franco la película pudo exhibirse en 1977 en España. Cobré algunas regalías por la exhibición, pero aun siendo socia y productora no pedí cuentas a Gustavo. En ese país quisieron robarnos los derechos de la película, vendían copias "piratas" mucho más baratas que el precio oficial y hubo que contratar abogados, demandar, y de todo eso se encargó Gustavo. ¿Qué cuentas le iba a pedir?

Nada tengo de ello, quizá algún diploma, todo se lo quedó Gustavo. Don Luis tenía la Palma de Oro y todos los reconocimientos del Festival de Venecia. Al morir, Juan Luis, su hijo, me la envió diciendo que yo era quien merecía tenerla. Pero más allá de premios, trofeos y reconocimientos, ¡Viridiana soy yo! Y eso es lo que solo a mí me pertenece. En cine es mi mayor orgullo, lleva más de cien premios acumulados.

La censura del Vaticano había llegado hasta México y nos fue muy difícil encontrar salas para exhibir la película, nadie quería una excomunión, pero gracias a Salvador Novo pudimos hallar algunas salas. Con el problema más o menos resuelto, Gustavo y yo decidimos tomarnos un tiempo y viajamos por Europa, de paseo.

En España me hice una prueba de embarazo porque no me sentía bien y mi periodo no llegaba. Los primeros análisis salieron negativos. Hice lo mismo en Roma y París, con iguales resultados, ya eran tres meses. En México, muy preocupada, volví al médico y me hizo una prueba nueva: le llamaban "la rana". ¡Y que brinca la rana! El resultado fue positivo.

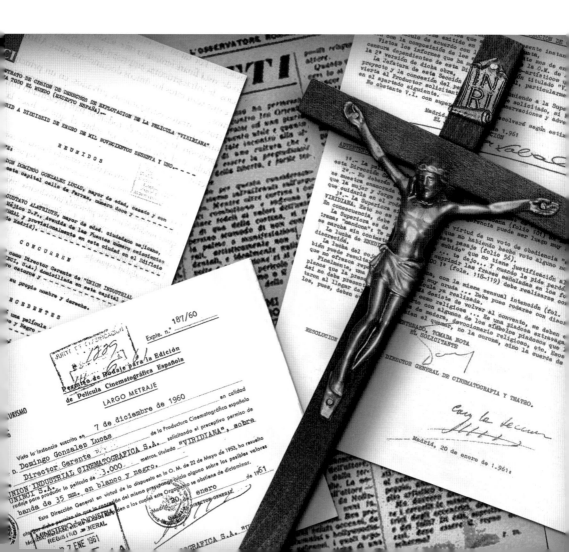

En *El ángel exterminador.*

***

Estaba iniciando el rodaje de mi segunda película con Buñuel. El primer título que tenía era "Los náufragos de la calle Providencia", pero luego se llamó *El ángel exterminador*. Inició rodaje el 29 de enero de 1962 y terminó en marzo del mismo año, todos estábamos entusiasmados con el éxito de *Viridiana* y no queríamos perder tiempo. Por fortuna, mi cuerpo "guardaba" a los niños muy bien, y el embarazo no se notó hasta pasado el quinto mes. Yo moría por hacer la película, y Buñuel me decía que no había papel para mí: "¿Cómo va a hacer un papelito después de *Viridiana*?"

Pero insistí. Hasta que me escribió el personaje de La Valkiria.

Con Enrique Rambal y Patricia Morán en *El ángel exterminador*.

Con Enrique Rambal en *El ángel exterminador*.

Así que embarazada hice el rodaje de la película en México, en la que fuera casa de Maximino Ávila Camacho, en Calderón de la Barca, 308, Polanco. La historia, de Buñuel por supuesto, contaba una simple reunión de gente de sociedad, atrapada en la misma habitación. Todo se acaba, la comida, el agua, la dignidad... Había, por ejemplo, escenas que nos pedía repetirlas y que dejó en el máster, decía... "la vida es así, repetitiva e incoherente".

A las mujeres nos prohibió lavarnos el cabello, y si veía que alguien llegaba aseado al llamado, enfurecía. Para caracterizarnos, varias veces nos llenó de miel y tierra, decía que teníamos que mostrar el asco de unos por los otros. Estar realmente en una situación límite. La escena en la que rompen el violonchelo para cocinar a la oveja fue en directa alusión a su odio por Pablo Casals, con quien no se llevaban bien por cuestiones ideológicas. Cuando realizó la toma con el oso, le pregunté: "¿Por qué un oso?" Me respondió: "Una persona puede vivir siete segundos sin respirar, siete días sin agua y siete semanas sin comida. Ya resolví el problema del agua, con la tubería que se rompe. La comida la resolveré con la oveja, pero ¿cómo va a entrar una oveja?, ¡pues que la persiga un oso!"

El ángel exterminador fue, quizá, el primer *reality show* de la historia, el primer gran *Big Brother*. Buñuel jugaba con los pensamientos y las ideas de unos y otros, a veces resultaba maquiavélico.

Un día Marilyn Monroe se presentó en el *set* para visitar la filmación, todo el mundo enloqueció y querían tomarse fotos con ella. Marilyn llegó muy sencilla, con un vestido pegadito, casi cosido al cuerpo... Y yo dije, ¡vaya!, pero si es muy parecido al vestuario que me diseñé para la película *Un extraño en la escalera*. Don Luis y Gabriel Figueroa se prensaron de su brazo y no dejaron de sacarse fotos, estaban fascinados. Y yo, por más que me insistieron, preferí no acercarme. Ella iba como una reina, y yo, en cambio, estaba en plena grabación, toda fachosa, despeinada, sucia y llena de miel para el personaje.

La película obtuvo dos premios: uno de la crítica internacional Fipreschi y el otro de la Sociedad de Escritores de Cine en Cannes.

Y yo... embarazada.

Marilyn Monroe visitando la locación de *El ángel exterminador.*

Con Viridiana.

LA NIÑA DE
MIS OJOS

Viridiana Alatriste Pinal, *Viri*, nació el 17 de enero de 1963, de parto natural. Mi madre me acompañó al hospital, pues Gustavo, mi marido, no aparecía, y a las tantas llegó borracho porque se había ido a "celebrar" el nacimiento de nuestra niña.

Mi hija Silvia era ya casi una mujercita encantadora, y la llegada de su hermana nos dejó locas de emoción. Era una nena preciosa, de boca pequeñita, naricilla respingada, muy sonriente y tranquila.

Con Luis Buñuel y su esposa Jeanne en el bautizo de Viridiana.

No hubo mejor padrino que Buñuel, aunque era ateo recalcitrante, aceptó que viniera el sacerdote a la casa. Cuando el cura le preguntó... "¿Cree en Dios?"... don Luis primero murmuró algo que ninguno entendimos... El padre repitió... "¿Cree en Dios?"... Entonces rezongó: "¡Claro, soy ateo, gracias a Dios!", y así la bautizó junto con Jeanne, su mujer, solo por amistad.

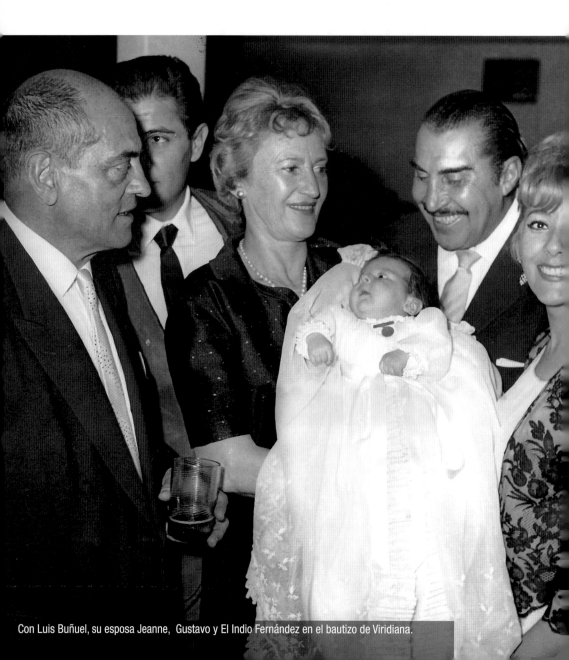

Con Luis Buñuel, su esposa Jeanne, Gustavo y El Indio Fernández en el bautizo de Viridiana.

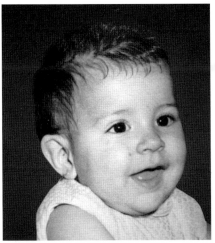
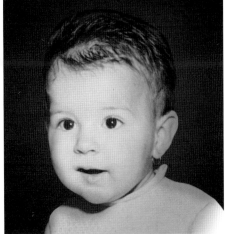

En 1964 un nuevo proyecto con Buñuel como director me atrapó desde el principio: *Simón del desierto*, con un papel caleidoscópico al lado de Claudio Brook. Yo, como el diablo, intento hacer caer la fe de Simón. Un mediometraje del que no se pudo complementar lo que sería una trilogía, ya que la idea era que yo apareciera en las tres historias, con tres directores diferentes. Sin embargo, cuando Buñuel y yo fuimos a Roma a buscar a Fellini, él se empeñó en que su parte de la trilogía la interpretara su esposa, Giulietta Masina. Luego hablamos con Jules Dassin, pero insistió en que su esposa, Melina Mercouri, interpretara el rol femenino. Los productores éramos Alatriste y yo, juntos decidimos no continuar con el proyecto, por eso fue un mediometraje.

Con Claudio Brook en *Simón del desierto*.

Ese año también filmé *¡Buenas noches, año nuevo!*, al lado de Ricardo Montalbán, Monna Bell, Sergio Corona, Héctor Lechuga y Javier López, dirigida por Julián Soler. Y el musical *Irma, la dulce* en el Teatro Insurgentes, con Julio Alemán.

Omití decirte que cuando Gustavo y yo nos casamos, él fue a vivir a mi casa porque todo se lo había dejado a su exesposa, y como mi casa era grande, nos acoplamos muy bien. A final de cuentas, yo ya la tenía montada, no hacía falta buscar una nueva; además, la mía siempre me ha gustado.

No, no lo mantuve, al contrario. Al fin mueblero, me amueblaba la casa a cada rato y se encargaba del mantenimiento que, en una propiedad como la mía es costoso. Las cuentas de la casa las dividíamos y no tuvimos problemas por eso. Por eso no, pero por faldas sí.

¿Te ha pasado alguna vez que te arrepientes de algo que dices? A mí me pasó con Gustavo. Buñuel lo quería como a un hijo, tanto así que le enseñó y lo animó a dirigir su propio cine, y le hizo caso… Gustavo me insistía en que trabajara bajo su dirección y solo acepté hacer un mediometraje a su lado, *La güera Xóchitl* (1966) cuyo propósito fundamental fue la propaganda gubernamental de una obra. Después de esta filmación, un día le dije algo que posiblemente también dio pie a su alejamiento: "Por favor, después de haber trabajado con Buñuel, con tantos directores famosos y haber recibido tantos premios, cómo me vas a dirigir". Le corté las alas, le dije la verdad. Tal vez debí de haberle mentido, no tendría que habérselo dicho, me arrepentí… Más tarde hizo varias películas, entre ellas *Remington*, en la que, además de dirigir, actúa como el personaje principal.

* * *

Durante 1965 me otorgaron una Diosa de Plata especial por mi labor en el extranjero. Ese año solamente filmé una película: *Los cuervos están de luto*, del maestro Hugo Argüelles, con un gran reparto: Kitty de Hoyos, Narciso Busquets, Lilia Padro y Enrique Álvarez Félix, quien interpeta a mi hermanito en la película. Ese Enrique siempre fue un muy buen hombre. Al año siguiente obtuve por esta película la Diosa de Plata como Mejor Actriz.

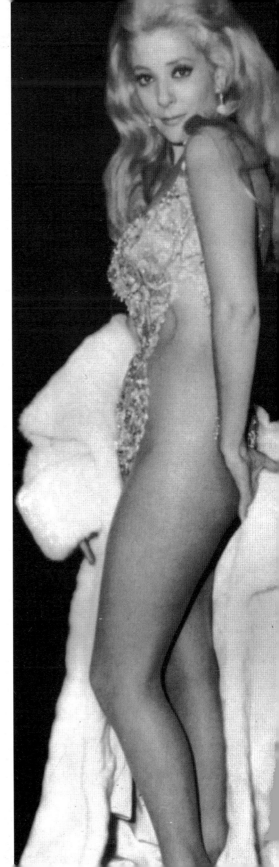

Con José Gálvez en *Los cuervos están de luto*.

Protagonicé la obra *Cualquier miércoles*, en el Teatro Manolo Fábregas, con el propio Manolo actuando, dirigiendo y produciendo, acompañada de Marilú Elizaga y don Fernando Soler. El trabajo disminuyó mucho, y todo porque haber trabajado con Buñuel, ganar la Palma de Oro, trabajar en Europa y todos los premios que ya estaba acumulando en México, hacía pensar a los empresarios que yo sería carísima y que tendrían que pagarme carretadas de dinero para trabajar, pero no era así.

Mientras tanto, mi vida matrimonial iba en picada. Me habría quedado con Gustavo toda la vida, era el hombre para mí, pero me era infiel con cuanta mujer se le atravesara y un día todo acabó.

Alatriste y yo nos separamos cuando Viri tenía tres años. Es difícil de aceptar cuando el amor acaba, y a él se le acabó luego de nacer la niña. Yo no quería perderlo, lo amaba y hacía todo para atraerlo porque ya ni siquiera hacíamos el amor; se acostaba con todo mundo, regresó a las andadas. Mi prima Teté fue a Oaxaca por un "remedio", porque juraba que lo habían embrujado. Trajo unas hierbas para bañarlo, y lo metíamos en la tina para que se le quitara el embrujo... ¡y el muy cínico se bañaba después! Como era de esperarse, la situación no mejoró, así que pedí el divorcio. Con el tiempo me enteré de que después de tener hijos a Gustavo se le acababa el amor, así terminó lo nuestro.

Era 1966 y yo filmaba *La soldadera*, de la que te platicaré más adelante. *Estrategia matrimonio*, al lado de Joaquín Cordero, Enrique Rambal, José Gálvez y Enrique Lizalde, con guión y dirección de Alberto Gout. Fue el último trabajo que hice dirigida por Alberto, unos meses antes de que se estrenara la película murió (1967), fue una pérdida que lamenté muchísimo; y *Juego peligroso,* con guión y dirección de Arturo Ripstein

Durante la filmación de *Juego peligroso.*

hijo y Luis Alcoriza, filmada en Brasil y con argumento de Gabriel García Márquez, Luis Alcoriza y Fernando Galiana. La adaptación de la cinta también la hizo Gabo, ayudado por Jorge Ibargüengoitia y Pancho Córdova.

***

El divorcio seguía su marcha, Gustavo no quería separarse, me buscaba en mi casa para llorar y pedirme que reconsiderara, pero ya no había vuelta atrás. Luego cometimos una serie de tonterías: él se casó con Sonia Infante, y yo con Enrique Guzmán. Cuando nos encontrábamos me decía: "Qué pendejos somos, ¿verdad, japonesa..?" Siempre nos vimos con mucho amor, tanto que desde aquella época conservo mi casa decorada al estilo japonés. Gustavo es el hombre a quien más he amado.

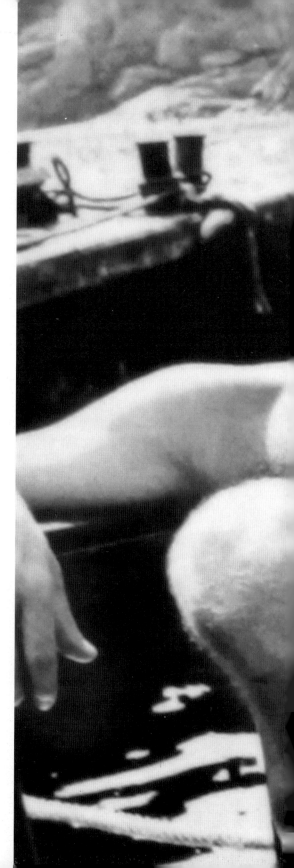

Con Milton Rodríguez en *Juego peligroso*.

LA
SOLDADERA
UN DOCUMENTO
HISTÓRICO

Una película de corte revolucionario muy distinta a las demás. En principio estaba basada en una historia que Eisenstein no había podido filmar;
José Bolaños retomó la idea, hizo el argumento y la dirección. Yo lo ayudé
con muchos consejos, tanto Gustavo como mi amiga Gloria insisten en
que yo fui la verdadera directora de la cinta, pero no pienso eso.

Con Narciso Busquets.

Cuando me ofreció el papel de Lázara, me sorprendí. No es que quisiera ser todo el tiempo la rubia sexi, al contrario, soy actriz y siempre lo demostré. Lo sorpresivo era que en México, un director joven y sensible, me considerara para un papel como ese. Por lo que de inmediato acepté.

Me gustó porque mostraba a la mujer mexicana luchadora, la que habría ayudado a consolidar el México del siglo XX. Una mujer humilde que es separada de su recién esposo por un comandante del Ejército Federal y es llevado a combatir con los revolucionarios. Ella lo sigue hasta que su marido muere y su destino queda incierto en manos de quien resulte ganador.

La filmamos en Cuautla, Morelos, en enero de 1966 y tenía un reparto muy interesante: Narciso Busquets, Jaime Fernández, Pedro Armendáriz, Jr., Sonia Infante y Chavela Vargas. Qué encerronas más maravillosas hacían debajo de los bungalós.

Un día le enseñé a don Luis Buñuel la película y le gustó mucho, dijo que era el mejor documental de la Revolución Mexicana visto desde la perspectiva o la mirada de una mujer. Solo me comentó que él, como director, hubiera recortado media hora a la cinta y eliminado algunas de las cabalgatas en las que mi personaje recorría las tierras. Creo que tenía razón, pero, en serio, esas escenas caminando por los montes cargando a un niño, un metate y un rifle son impresionantes.

189

I DON'T SPEAK ENGLISH ...

Pero ahí me tienes haciendo películas en inglés. Cómo recordé las clases de mi maestra yucateca en el Instituto Washington; era divina, pero de inglés no sabía nada. Cómo me daba risa su *yuca-english*: "Spikinnn... einglish... boyss...angers", ja, ja, ja.

Era 1967 y la película fue *Shark, un arma de dos filos*, con Burt Reynolds, una coproducción entre Estados Unidos y México. No podía negarme, aunque para serte sincera, el inglés se me hacía muy difícil, pero lo tomé como un reto. Burt Reynolds se reía mucho de mí porque mi inglés era fatal, así que le pedí al director que una de las escenas donde él tenía más diálogo la filmáramos en español. "¡Venganza!", gritaba. Me reía de él porque no podía pronunciar bien el español. Se veía comiquísimo. Filmé en inglés con un acento espantoso, luego fui a doblar unas partes y me dijeron "*No, thank you*", y luego me dobló alguien más en inglés.

Con Burt Reynolds en *Shark*.

Producciones
JOSE LUIS
CALDERON, S. A.
presenta a

SILVIA
PINAL

BURT
REYNOLDS

BARRY
SULLIVAN

ARTHUR
KENNEDY
en

ARMA DE
DOS FILOS

niño CARLOS BARRY • ENRIQUE LUCERO • MANUEL ALVARADO   Cinefotógrafo Raúl Martínez Solares   Fotografía submarina Genaro Hurtado   Dir. SAMUEL FULLER

PRINTED IN MEXICO   IMPRESO EN MEXICO

Con Anthony Quinn en *Los cañones de San Sebastián*.

Y otra coproducción, *Los cañones de San Sebastián*, entre Francia, Italia y México. Recuerdo que Anthony Quinn, que era machote y muy mal hablado, me gritaba: "¿Qué estás haciendo aquí?, deberías estar en Hollywood, ¡pendeja!" "¡Pues no me gusta el inglés y aquí me quedo!", le respondía con el mismo tono. Charles Bronson miraba las gritoneadas que nos dábamos y se reía. Mi papel fue corto pero precioso y me gustó mucho hacerlo. En la edición tuvieron que recortar mucho porque el francés Henry Verneuil, director de la película, se había extendido en tiempo y desafortunadamente mi papel quedó prácticamente en nada.

María Isabel

Yo no quería filmarla, me parecía sosa, sin chiste. Una película que trata la relación amorosa entre una sirvienta y su patrón. Una historia de folletín que Yolanda Vargas Dulché ya había vuelto un verdadero éxito impreso. Pero, la verdad, yo no tenía fe en que fuera un trancazo cinematográfico.

Yolanda Vargas Dulché fue quien se ilusionó conmigo y me persiguió hasta que acepté. El productor, Guillermo de la Parra, esposo de Dulché, se puso de acuerdo conmigo en las condiciones del contrato, créditos y demás. Me dijo que mi compañero sería José Suárez, interpretando el papel de don Ricardo y el director, Federico Curiel *Pichirilo*. Hasta ahí todo bien, pero cuando pregunté dónde se filmaría, nerviosamente me dijeron: "Pues… nos gustaría que fuera en tu casa". Y en mi casa se filmó en 1967.

Con Irma Lozano en *María Isabel*.

Con José Suárez en *María Isabel*.

Los del *staff* eran muy respetuosos y trabajadores, poco afectó la rutina de mi casa, y yo estaba encantada porque podía estar con mis hijas mientras trabajaba. A Silvita le gustaba tanto, que se metía a bailar cuando hacíamos escenas de fiestas.

Fue tal el éxito, que en noviembre de 1968 iniciamos la filmación de la segunda parte, se llamaría *El amor de María Isabel*, también escrita por Yolanda y dirigida por Curiel, con un presupuesto mucho mayor: 2 millones 27 mil pesos. Y otra vez filmamos parte en mi casa, en Nueva York, Madrid, París, Roma y Venecia.

¿Y qué crees? que me embarazo de Alejandra mientras estaba rodando *María Isabel*. Pero ya te contaré más adelante de mi tercera hija.

Con Freddy Fernández *El Pichi*, Federico Curiel Pichirilo, Eugenio René de la Parra, Viridiana, Norma Lazareno en *María Isabel*.

ENRIQUE
"TIENES QUE SONREÍR…"

Todo ocurrió sin darme cuenta… las heridas provocadas por mi separación de Gustavo seguían abiertas, en mi corazón permanecía el recuerdo el amor que había tenido a ese hombre, a quien amé con pasión y locura.

Nos conocimos en una cena a la que me invitaron, inmediatamente hicimos "clic" y "por debajo de la mesa", como dice la canción, empezó a tocarme la pierna. Yo decía: "Bueno, este va muy rápido", pero como era simpatiquísimo, me encantó. Fue un resbalón que me costó muy caro.

Durante un programa de variedades que tuve, llamado *Los especiales de Silvia*, invité a Enrique a cantar conmigo; para entonces ya salíamos formalmente y la pasábamos muy bien. Yo no lo tomaba en serio, pero era tan divertido que continuamos saliendo hasta que se enfermó de hepatitis. Lo visitaba en su casa y me jalaba para acercarme a él, yo le decía: "Me vas a contagiar, suéltame", y él

Con Enrique Guzmán.

solo respondía: "Claro, eso es lo que busco, que te contagies para que te acuestes conmigo". No me enfermé de hepatitis, pero sí de amor.

Empezamos nuestro noviazgo y en Acapulco formalizamos nuestro compromiso, ¡escándalo total!

¿Qué haces con ese niño? ¿Qué haces con esa señora? La pareja dispareja. Nos criticaron hasta que se cansaron. Pero como ya sabrás, no hicimos caso a nadie.

Estaba filmando la película *María Isabel* cuando me di cuenta de que estaba embarazada, menos mal que siempre disimulé muy bien los embarazos. Pues a casarse,

Con Enrique y nuestras mamás.

y tuvimos que hacerlo en Cuautla, porque estaba muy reciente lo de mi divorcio. Y qué crees, Enrique también vivió en mi casa. ¿Qué quieres?, amo mi casa. Por cierto, tampoco lo mantuve, en esa época era el ídolo del momento.

Ya viviendo juntos y enamorada empezaron las adaptaciones. Había cosas que me resultaban muy infantiles, como correr cochecitos o volar aviones a control remoto. Pero bueno, ahí me tienes aburrida y acompañándolo, ¿qué podía hacer? Estaba enamorada.

Se llevaba de maravilla con Viridiana, Silvita lo admiraba mucho como al cantante juvenil de la época y mi mamá lo adoraba... Bueno, al principio.

Fui feliz una temporada, porque era muy simpático, agradable, fiestero... Hicimos muchas cosas juntos: viajamos, trabajamos... En fin, seguía enamorada y en plena luna de miel.

En 1968 yo estaba participando en la primera telenovela histórica realizada en México, titulada *Los caudillos*, inspirada en los hechos de la guerra de Independencia y nada menos que producida por Ernesto Alonso, mi amigo de toda la vida. El papel de Jimena había sido escrito exclusivamente para mí, era el único que no estaba basado en hechos reales y sobre el que giraba toda la trama. Tenía un superelenco, entre quienes estaban Enrique Rambal, que interpretaba a Miguel Hidalgo; Carlos Bracho, a Allende; Ofelia Guilmáin, y Magda Guzmán, que representaba a Josefa Ortiz de Domínguez.

ALEJANDRA
MI TERCERA GRAN ALEGRÍA

Gabriela Alejandra Guzmán Pinal nació el 9 de febrero de 1968. La llamamos así porque el segundo nombre de Enrique es Alejandro y porque a mí siempre me gustó el nombre de Gabriela. En cuanto terminé la cuarentena no paramos de llevarla y traerla adonde quiera que fuéramos.

Desde que nació fue una niña preciosa y muy simpática. Viri, que ya tenía unos cinco añitos, la adoró desde que la vio. Formaban una mancuerna sensacional; eran las mejores compañeras de juegos y al pasar de los años se convirtieron en grandes cómplices.

En Ecuador hice una película, *24 horas de placer*, con Mauricio Garcés y Joaquín Cordero; teníamos una buena vida como profesionales. A la par

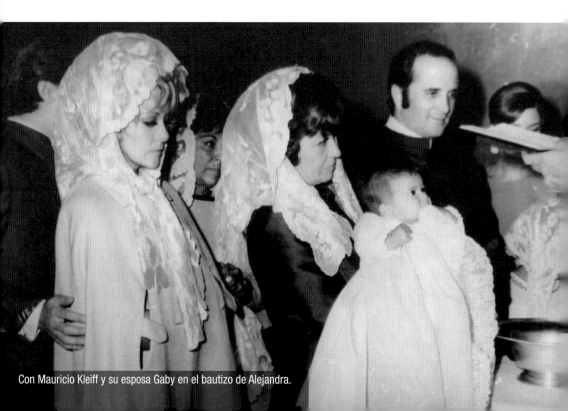

Con Mauricio Kleiff y su esposa Gaby en el bautizo de Alejandra.

que yo trabajaba, Enrique abrió en ese mismo país una discoteca con su nombre.

Ahí conocí al gran pintor ecuatoriano Guayasamín, quien me hizo un retrato que me encanta y ocupa un lugar especial en mi casa. Lo pintó en muy poco tiempo, utilizando su espátula. Al recibir mi cuadro, me impresionó darme cuenta de que todo lo había hecho de memoria.

De regreso a México hice dos películas dirigidas por René Cardona Jr., *El cuerpazo del delito*, con Enrique Rambal, una comedia muy divertida en la que interpreto dos papeles: por un lado, a una abnegada madre de ocho hijos casada con un catedrático, y por el otro, a una pintora que está en busca de un modelo para realizar un San Sebastián. Y *El despertar del lobo*, junto a Enrique Rambal y Maura Monti, en la que Guzmán hace un papel corto y también actúa mi hija Silvita.

Debido al éxito que tuvo mi programa *Los especiales de Silvia*, Emilio Azcárraga me ofreció hacer nuevamente un programa de variedades, y acepté con la condición de que fuera al lado de Enrique. Emilio no estaba de acuerdo con mi propuesta, me costó mucho trabajo convencerlo, pero al final gané.

Silvia y Enrique fue la primera revista musical que se produjo para la televisión, la escribía mi compadre Mauricio Kleiff. Inició la transmisión en blanco y negro en 1968. Baile, canto, comedia... tenía de

El Guayasamín.

Con Alejandra y Viridiana.

todo. Fue un éxito, lo cerré en 1972, al lado de mis hijos y mi nieta, ya con transmisiones a todo color. De este programa salió el personaje que después descubrió a Guzmán en su faceta de comediante: Bartolo.

Aquí entre nos, a Enrique no le gustaba trabajar, así que era difícil lidiar con eso. Los técnicos le decían: "Ya cámbiate, huevón», y terminaban cambiándolo porque a él no le importaba mucho cuidar su imagen, así era. Y creo que hasta la fecha no ha cambiado mucho.

Fue tan grande la aceptación que tuvo este programa entre los televidentes, que nos propusieron juntos a Enrique y a mí para hacer cabaret. Recuerdo con especial cariño las presentaciones en La Fuente, en la que nos acompañaron grandes amigos, como Héctor Lechuga y Sergio Corona.

Con Sergio Corona, Héctor Lechuga y Enrique en el centro nocturno *La Fuente*.

A mediados de 1969 filmé *Los novios,* al lado de Julio Alemán, con argumento de Emilio Carballido; *La mujer de oro,* mi cuarta película dirigida por René Cardona Jr., con la participación de José Gálvez, Eduardo Alcaraz y Leonorilda Ochoa; y *La hermana Trinquete,* una comedia en la que participaron Manolo Fábregas, Lucy Gallardo, Roberto Gómez

Bolaños *Chespirito* y Evita Muñoz *Chachita*, en la que interpreto a una ladrona que se disfraza de cuanta cosa se le ocurre para lograr sus hurtos. Tuve escenas divertidísimas, entre ellas una cuando vestida de monja me pongo a jugar billar. Dejé a todos los de la filmación impresionados, logré varias carambolas sin ayuda de nadie.

Siendo muy joven, Silvita contrajo matrimonio religioso con el músico Mike Salas. Mi niña ya era toda una mujer y se casaba casi a la misma edad en la que yo lo hice con su papá.

Boda de Silvita y Mike Salas.

Con Enrique, Rafael Banquells y Silvita.

Con Enrique y Sergio Corona.

En la XEW con Enrique y algunos compañeros.

***

Una Navidad le regalé a Enrique un equipo de radioaficionado, un X1GGO (las siglas de una Guapa, Güera, Oxigenada), lo más moderno de entonces, y pasaba días y noches contactando a gente de todos lados. Era casi como hoy Internet, pero sin imagen. Y según yo, el hombre estaba entretenido en eso, mientras tanto yo seguía disfrutando de lo que creía mi mundo feliz.

Enrique me había regalado un terreno en Acapulco y comencé a dirigir la construcción de mi casa en la playa. La obra se terminó en tiempo récord; me encargué de todo, desde la realización de los planos hasta de los interiores: muebles, decoración, cortinas y sábanas hechas por mí. Aunque no lo creas, soy buena para la costura.

Estrenamos la casa y que me embarazo. Fue un embarazo distinto a todos los que había tenido. Por un lado me daba mucho sueño, me sentía muy cansada y, aunque no dejé de trabajar, me costaba mucho esfuerzo llevar mi ritmo de vida. Y por el otro, mi hija Silvita se embarazó casi al mismo tiempo de su entonces esposo, Micky Salas. ¿Te imaginas?, iba a ser mamá de mi cuarto hijo y, a la vez, estaban por convertirme en abuela.

Alejandra.

Con Alejandra y Viridiana.

Alej

Con Alejandra.

Alejandra y Viridiana.

Con Ale

Viridiana.

Alejandra y Quetina Rambal.

Vi

Fue una etapa divertidísima. Muchas tardes me reunía con mi hija Silvita; las dos embarazadas nos poníamos a jugar a las cartas con amigas, entre ellas Mónica Marbán. Y así, entre partida y partida de canasta, disfrutaba de la compañía de mi hija, mientras Viri y Alejandra jugaban en una casita de muñecas que les construí en el jardín de la casa.

Stephanie, mi primera nieta, nació en febrero de 1970, era una bebé preciosa. Recuerdo que cuando empezó a hablar, me llamaba "abue". Nunca le hacía caso, no volteaba ni a verla; me sentí fatal con ella porque eso de ser mamá de cuatro y abuela al mismo tiempo no lo podía sincronizar. Así que Stephi terminó diciéndome "Ma", y asunto arreglado.

Con mamá, Stephanie y Silvita.

Con Félix Cortés, Stephanie, Silvita y Jaime Almeida.

LUIS ENRIQUE
MI CHIRIPAZO

Te contaba que mi embarazo me tenía muy cansada y por fin el día del parto llegó (1969). Entre mi ropa y la del bebé guardé en mi maleta unos aretitos, porque pensaba que iba a ser una niña; parecía ya la tradición de la Pinal, siempre éramos puras viejas. Y ¡sorpresa!, fue un varón. Al despertar del parto recuerdo entre sueños que Enrique me puso los aretes en las manos y me dijo: "Guárdatelos en donde te quepan", yo todavía atontada por la anestesia le respondí: "Ya no me friegues, déjame en paz".

Como el doctor era judío, trajo a su rabino y le hicieron a mi hijo la circuncisión con todo y ceremonia. Para bautizarlo le pedí a Mario Moya Palencia, un gran amigo, que fuera su padrino y aceptó. El nombre no me costó trabajo decidirlo, Enrique, como su papá, y antes Luis, por mi

Con Luis Enrique.

Con Alejandra y Luis Enrique.

Luis Enrique.

padre, así que lo llamamos Luis Enrique.

La llegada de mi niño a la casa nos emocionó a todos. Era el primer varón en mi familia y hasta la fecha lo sigue siendo; todos mis hijos y hasta mi nieta han dado a luz a puras mujeres. Así que en ese momento mis hijas, Enrique, mi mamá y, por supuesto yo, estábamos felices con él. Desde que nació se convirtió en el consentido de todos.

Nuestro hombrecito era mimado, chistoso y travieso. Siempre andaba todo roto, rasguñado, lleno de moretones en las espinillas. Era tan inquieto que

Con Stephanie, Alejandra, Luis Enrique y Viridiana.

Con Stephanie y Luis Enrique.

en una visita a Disneylandia salió corriendo rumbo al tren, no vio la cadena y se quedó dando vueltas en ella. Él no miraba las consecuencias, solo se aventaba. Tuvieron que operarlo a los 17 años de los tabiques de la nariz porque los tenía deshechos; mi niño era una facha, todo roto y parchado. Desde que descubrió la computadora es un genio de la computación porque compone música electrónica, además es DJ.

***

Por aquella época caché a mi marido en la primera infidelidad. Enrique estaba en una temporada de teatro en el DF, así que un día, sin previo aviso, me presenté y abrí la puerta del camerino. Los encontré sentados, muy juntos, tomados de la mano; y aquel, muy cínico, se levantó y me dijo: "¿Qué quieres?" "Vine a verte porque..." No me dejó terminar y me sacó de ahí.

Luego no sé qué pretexto le di y me fui del teatro, triste y confundida. En ese momento mi mundo feliz empezó a derrumbarse. No daba crédito a lo que había visto.

En 1971 el personaje de Bartolo salta al cine y nosotros protagonizamos nuestra primera y única película: *¡Cómo hay gente sinvergüenza!*, mi sexta y última cinta dirigida por René Cardona Jr., con las actuaciones de Enrique Rambal y Eduardo Alcaraz. Volví a prestar mi casa como locación y algunas escenas se hicieron ahí. Ese mismo año filmé *Secreto de confesión*, dirigida por don Julián Soler, al lado de Jorge Lavat, Raúl Ramírez, Beatriz Aguirre y mi hija Silvia Pasquel; la trama es muy fuerte, entre otros temas trata el incesto. También rodé *Los cacos*, con Milton Rodríguez, con el argumento y la dirección de José Estrada. Fue la única cinta en la que me dirigió, me quedé con muchas ganas de haber hecho más. Pepe es un muy buen director.

En ese mismo año me estrené como productora en un programa para el Canal 2 del entonces llamado Telesistema Mexicano, que solo duró 13 capítulos. En esta serie yo era el personaje principal, lo mismo

En locación de la película
¡Cómo hay gente sinvergüenza!

Con Silvita en *Secreto de confesión*.

interpretaba a una muchacha pobre que a una mujer de alta sociedad. Era el primer intento por hacer algo distinto en la televisión, que luego retomaría con más fuerza con el nombre de *Mujer, casos de la vida real*, pero más adelante te contaré al respecto.

En 1972 produje y actué en el musical *Mame*, el cual tuvo varias reposiciones (1985, 1986 y 1989, en el que debutó mi hija Alejandra y más tarde mi nieta Stephanie). Lo estrenamos en el Teatro Insurgentes, la temporada duró un año en cartelera, después tuvimos una gira bastante larga por toda la República. Desde el principio la obra fue un exitazo y yo estaba feliz.

Sin embargo, mi vida conyugal seguía deteriorándose. Como ya te había platicado, fui yo quien encontré en el teatro a Enrique con otra mujer; sin embargo, él, de la noche a la mañana, empezó a celarme.

Con Alejandra en *Mame*.

Te juro que no había motivos para ello, no podía retrasarme en llegar a la casa después del trabajo porque se ponía furioso. Al principio era esporádico y nunca imaginé que tuviera la magnitud que después alcanzó. No le bastó el segundo embarazo, Enrique pedía más hijos, y yo, la verdad, ya no quería; cuatro hijos eran suficientes. Para entonces ya sus celos eran incontrolables. Se convirtió en un hombre violento, primero verbalmente…

En una ocasión nos presentaron a la hermana de un conocido y se hizo muy cercana a nosotros. Nos invitaba frecuentemente a su casa en Cuernavaca, y yo notaba algo raro entre ellos, como "miraditas". Yo ingenuamente pensaba que nada sucedía ahí, y me repetía: si me cela tanto es porque solo yo le intereso y no existe nadie más. La convivencia llegó hasta el punto en que me hablaba por teléfono casi todos los días para saber mis planes. Ella ya sabía que tenía, como siempre, agenda llena y cuando la invitaba a acompañarme siempre tenía el mejor pretexto para no ir. Su interés era otro… Yo salía por una puerta y ella entraba por la otra. Dejaba a sus niños jugando con los míos y se subía al cuarto que había hecho Enrique como su estudio. En mi casa hacían el amor…

¡Todos lo sabían menos yo! Teresa, la nana que había cuidado a Viri, luego a Alejandra y a Luis Enrique, lo supo desde el principio, pero no se atrevió a decírmelo, estaba aterrada con la situación. Enrique cada vez estaba más raro, su cambio de humor y estado de ánimo eran inexplicables. Los celos seguían aumentando, las discusiones verbales eran cada vez más violentas y, sin saber ni cómo, llegó el primer golpe. Violencia física: primero un empujón, un jalón, luego un manazo; la primera bofetada, la primera golpiza…

***

En 1973 protagonicé la telenovela *¿Quién?*, cuya historia original fue escrita por Yolanda Vargas Dulché; la dirigió Raúl Araiza. El elenco estaba integrado por Joaquín Cordero, Gustavo Rojo y Miguel Manzano, entre otros. En ella interpretaba a una mujer que perdía la memoria. Lo que hubiera dado en ese momento de mi vida porque me pasara una situación parecida. La realidad que estaba viviendo era muy cruda y no encontraba la manera de enfrentarla para salir de ese matrimonio.

Con todo y los problemas, en 1975 pude hacer la obra *Vidas privadas*, de Noël Coward, bajo la dirección de José Luis Ibáñez, con Rogelio Guerra,

Con Rogelio Guerra y José Luis Ibáñez.

Luis Couturier, Lucy Tovar y María Isabel Sánchez. Por esta actuación me hice acreedora al premio como mejor actriz.

Lo que me sacaba a flote de mis crisis emocionales era mi trabajo. A pesar de los problemas convencí a Enrique de que comprara los derechos de *Sugar* (1975). No había papel para mí, pero sí para él; fue un gran éxito en su carrera, se estrenó en el Teatro Insurgentes. La historia estaba basada en la película *Una Eva y dos Adanes* (1959), que habían hecho en cine Marilyn Monroe, Jack Lemmon y Tony Curtis. En el reparto estaban Silvia Pasquel, Héctor Bonilla, Sergio Corona, Ema Pulido, Kiki Herrera Calles, entre otros. Fue un éxito, por lo que los contrataron para hacer una gira por la República. Al enterarse, Enrique me advirtió que no se quedaría en provincia, sino que regresaría al DF después de cada función. El hecho de que quisiera regresar a la ciudad me dio mala espina, así que contraté a un investigador privado. Me dije, mejor salgo de dudas y no estoy imaginando cosas. La situación era ya insoportable: celos, maltrato... su inestabilidad emocional y la inseguridad en la que yo vivía me hicieron perder el piso. Quería separarme, pero no encontraba la forma ni la fuerza para hacerlo. Ya no le tenía miedo, era un pánico espantoso.

El detective, que por cierto tenía nombre de personaje de telenovela, me dijo: "¿Por qué quiere que lo siga?" "Porque creo que me está poniendo los cuernos y necesito saberlo para tomar una decisión".

Lo investigaron mientras yo estuve de gira, en ocasiones él me alcanzaba en alguna ciudad y solo era para pelear, celarme, gritarme e insultarme, pero yo aguanté y continué con mi compromiso de trabajo.

Cuando la gira terminó, fui con el investigador y me dijo: "Sí, hay una mujer que entra a su casa todo el tiempo y a toda hora. También se han visto en otro lado, en el apartamento del productor de su programa *Silvia y Enrique*. Él tiene un automóvil *sport* rojo, ¿verdad?" "Sí", le respondí. "Pero también se ve con otra mujer". "¿Qué?", contesté asombrada. "Sí, una señora que vive en una privada preciosa en San Jerónimo. Esa señora fue amante de un presidente". "Ya sé quién es: mi 'amiga' ".

Dolida e indignada por la noticia busqué al esposo de mi supuesta amiga. "Tu mujer te pone los cuernos con mi marido, mira, aquí están las evidencias". Como en aquel momento se necesitaban pruebas para pedir el divorcio por infidelidad, el marido de esta señora y yo nos pusimos de acuerdo para pescarlos. Nos disfrazamos de indios y fuimos en su coche a espiarlos, y al final funcionó, pudimos agarrarlos con las manos en la masa... Ellos se divorciaron, y a mi "amiga" no la volví a ver en mucho tiempo. Yo también quería divorciarme, pero él se negaba. Por más que me lo proponía no encontraba la forma de sacarlo de mi vida.

En 1976 produje y actué en el musical *Annie es un tiro* (*Annie Get Your Gun*), mi tercer éxito en este género. No obstante el reconocimiento profesional, mi vida seguía siendo un verdadero infierno. Llegó el momento en que ya no pude más y tuve que pedir ayuda terapéutica. Estuve cuatro años en tratamiento con un psiquiatra. Al principio le pedí a Enrique que fuera conmigo y que arregláramos nuestra separación con un terapeuta, pero no quiso. El médico me decía que sufría una especie de Síndrome de Estocolmo.

Alejandra.

ROBERT W. LERNER
presenta a
SILVIA PINAL
EN
ANNIE
ES UN TIRO

Música y Letra de   Libreto de
IRVING BERLIN   HERBERT & DOROTHY FIELDS
Traducido por
LUIS DEL LLANO P.

GUILLERMO RIVAS
BENNY IBARRA
EUGENIA AVENDAÑO
MANUEL GURRIA
OSCAR SERVIN
FERNANDO MOYA

Coreografía
KARIN BAKER
Director
JOSE LUIS IBAÑEZ
Dirección Musical
JORGE NERI
La presentación teatral de
MANUEL LOPEZ
OCHOA

Luis Enrique.

***

Un día llegó con una pistola, me la aventó en la cara y como loco gritaba: "¡Tú no me quieres, lo que quieres es matarme, ¿verdad? Toma la pistola y hazlo!"

Yo temblaba de miedo.

Volvió a tomar el arma y me dijo: "Tómala así, apunta así ¡y disparas!" Y… la pistola "se disparó". La bala me pasó rozando, rompió un adorno del buró y uno de los cuadros japoneses que conforman la cabecera de esa cama. Fue uno de los días más difíciles de mi vida.

¿Recuerdas que te conté de la carta que me había escrito Arturo de Córdova, la de la despedida? La encontré buscando la chequera para huir de la casa; me tomé un minuto para releerla y recordar lo que me había escrito. Arturo era mayor que yo, y ahora yo era mayor que Enrique. "En algún tiempo encontrarás a alguien menor que llene tus expectativas". Las expectativas de Enrique y las mías no podían estar más lejanas. Recordé a través de esas líneas a todas las personas que me habían amado, pero sobre todo que me habían respetado, Arturo fue indirectamente quien me ayudó a tomar esa decisión.

No pude más, sabía que terminaría matándome, así que me fui de la casa con lo puesto y mi chequera, me escondí… Acudí a un entrañable amigo y consejero, el doctor Teodoro Cesarman, y le conté todo. Igual que tú, Teodoro no podía creer lo que escuchaba, con cada palabra mía su rostro cambiaba de asombro a furia. Ayúdame, le supliqué. Tengo miedo de que me mate. Me quité los lentes y vio mi rostro hecho pedazos, hinchado y lleno de moretones. Al verme, Teodoro se quedó helado y dijo: "Me habían hablado de las mujeres golpeadas, pero nunca antes había visto a una". Me curó, me dio medicamentos y me llevó al aeropuerto.

Me escondí el tiempo suficiente para reponerme, por lo menos físicamente. No pude llevarme a los niños porque me habría acusado de rapto. Alguien me dijo que Enrique había llevado a los niños con su mamá, pero ella no quiso hacerse cargo. Al final se enteró de que estaba en Acapulco y fue a buscarme con todo y guaruras. Decía que me mataría en cuanto me viera. Coincidimos en un restaurante y la gente del lugar tuvo que sacarme por la cocina para evitar un enfrentamiento. Seguía aterrada.

Así pasé un tiempo, escondida de un lado a otro hasta que el abogado Moya Palencia, padrino de mi hijo, me ofreció arreglar el divorcio y lo citó en su despacho. Hablaría con él y acabaría por convencerlo. ¡Y lo convenció!, Ernique firmó el acta de divorcio.

Quiero dejar algo muy en claro: lo que pasó entre nosotros no fue solo culpa de él. Enrique hizo lo que quiso, y yo lo permití. Me daba pánico separarme, no supe cómo enfrentar la situación. Al primer golpe debí tomar la decisión e irme. Sin embargo, hubo algo que no perdí y a lo que me aferré: mi disciplina, mi trabajo y, por supuesto, mis hijos. Eso es algo que siempre me ayuda a salir de mis problemas.

No es fácil decirlo, mucho menos recordarlo, es un tema del que nunca he hablado y no me gustaría volver a tocarlo. Aunque ya está superado, es una situación que me entristece y duele. Para platicarte este episodio de mi vida y por respeto a mis hijos, les pedí autorización para hacerlo; ellos también lo vivieron. Estoy aquí contándote lo que sucedió, resumido y obviando muchos detalles dolorosos.

Por respeto a mí y a ti, que has seguido mi carrera y mi vida, tenía que decirlo y reconocer que somos nosotras quienes permitimos la violencia, yo sé que es difícil decir ¡basta! Existe miedo a hablar, a pedir ayuda; tal vez mi experiencia te sirva. Si estás en un círculo de violencia, sal y pide ayuda. Siempre hay caminos, opciones y alguna mano dispuesta a ayudar. ¡No tengas miedo, toma la decisión!

MI
REENCUENTRO

En 1976, y ya separada de Enrique, me dediqué a mis hijos y al trabajo. En un principio fueron mi refugio para superar la separación y todo lo vivido al lado de él. Seguí asistiendo por un tiempo con el terapeuta al que había recurrido antes de separarme, necesitaba fortalecerme y entender por qué había permitido tanto… Así que poco a poco fui reponiéndome y asumiendo mi responsabilidad, soltando y liberando el dolor; recuperando la confianza en mí y en los demás. Al final, constaté que soy una mujer valiente que merece ser feliz y nadie puede pisarme.

Volví a la televisión sin Enrique, y como me lo había pedido Emilio Azcárraga desde un principio, sola, como la estrella principal en el programa *Ahora, Silvia*, con Miguel Sabido. Era un programa de variedades con invitados, en el que bailaba, cantaba, actuaba, entrevistaba a personalidades de muy distintos ámbitos, a la par que realizabamos *sketches* y números musicales. Lo mismo recitaba poemas de Pablo Neruda que dramatizaba fragmentos de Lope de Vega y Calderón de la Barca, entre otros. Se transmitió de 1976 a 1978 con un rotundo éxito.

¡FELICIDADES
SILVIA!

Siempre me ha gustado hacer todo a lo grande y más cuando se trata de celebraciones especiales. En los años setenta se pusieron de supermoda los *shows* de cabaret. Yo quería celebrar mis 25 años de trayectoria artística con un espectáculo sensacional y, claro, aunque ya había estado varias veces trabajando en cabaret con amigos, como Mauricio Garcés, el Loco Valdés, Sergio Corona, entre otros, se me ocurrió armar algo innovador y único para festejarme, así que busqué a Gino Landi, el mejor coreógrafo del tiempo que montaba los *shows* de Raffaella Carrà y también había puesto obras como *El diluvio que viene,* para que me ayudara con todas las ideas locas que traía en mente.

Lo localicé en Italia, en Trieste, hablamos por teléfono y me dijo que estaba montando una opereta en ese lugar y que le era imposible viajar a México...

Hice mis maletas y junto con mis hijos Luis Enrique y Alejandra volamos a Trieste. Quien no pudo venir con nosotros fue Viri, en su escuela eran muy estrictos y los profesores no le permitieron ausentarse por tanto tiempo de sus clases. Y así, llegué con mis dos hijos, mis ocho bailarines y mi mejor sonrisa. Al coreógrafo jamás le pasó por la cabeza que yo viajaría hasta Italia para montar mi *show*, pero así fue. Y al final me tuvo que cumplir, y yo me di el gustazo.

Pasamos tres semanas agotadoras, ensayando de 16 a 18 horas diarias.

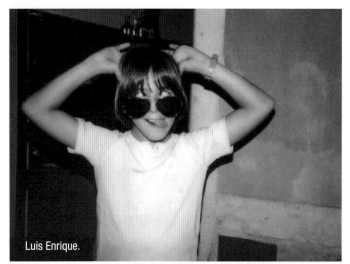

Luis Enrique.

Alejandra.

Alquilé un departamento con cocineta para preparar nuestras comidas, mis hijos se organizaron de maravilla y fueron una gran ayuda: Luis Enrique iba al mercado, Alejandra cocinaba y lavaba la ropa. Cuando regresaba por la noche agotada con los pies destrozados, Ale me daba un rico masaje en los pies y me ayudaba a repasar las canciones, mientras Luis Enrique me presumía sus avances en el italiano.

Mi hijo se había hecho amigo de un pescador, recuerdo que un día nos trajo unas cosas horrorosas que él había pescado y, ni modo, tuvimos

que comerlas. Desde entonces le pedí que solo comprara vegetales y carne roja en el mercado; de la pesca, nunca más.

Cuando volvimos a México en 1977, presenté el *show Felicidades, Silvia* en el centro nocturno El Patio, fue tal como lo esperaba: un exitazo. La producción fue carísima, contraté a los mejores músicos, la ropa me la hicieron en España. Era un espectáculo donde cantaba y bailaba, muy a lo Broadway, con lo mejor de los musicales del momento, rodeada de bailarines cuerísimos directamente traídos desde Italia. Sabedores de sus encantos y que tenían lo suyo, los malvados permanecían desnudos el mayor

tiempo posible antes de vestirse para salir a escena, y las bailarinas y meseras babeaban por ellos.

Después del éxito obtenido en el centro nocturno, decidí llevarlo al Teatro de la Ciudad para hacerlo más accesible al público; no todos podían pagar un boleto en el otro lugar. Finalmente vino la gira por México y Centroamérica. A la fecha me emociono con solo recordarlo, fue una etapa maravillosa, ¡cómo la disfruté!

***

Retomé mi carrera en el cine, que había abandonado durante cinco años y filmé *México de mis amores* (1976), un argumento de Nancy Cárdenas, con textos de Carlos Monsiváis y con la dirección de la propia Nancy. Actuaban, entre otros, don Fernando Soler, Adalberto Martínez *Resortes*, Marga López y Sara García. También protagonicé *Las mariposas disecadas* (1977), bajo la dirección de Sergio Véjar, actuación que me reconocieron con el Premio Asociación de Cronistas de Espectáculos (ACE). También participaron, entre otros, Ricardo Noriega, Ada Carrasco, Humberto Elizondo, Martha Covarrubias y el niño Andrés León Becker. Y *Divinas palabras*, un guión que quería realizar Buñuel, pero no le fue posible debido a algunos problemas con los derechos de autor que

En locación de la película *Divinas palabras*.

tuvo con un hermano de Valle-Inclán, quien para ese entonces ya había muerto. Sin embargo, Juan Ibáñez hizo la adaptación de la obra escrita por Ramón del Valle-Inclán y la realizó. Contó con el apoyo de Gabriel Figueroa en la fotografía, y en la actuación, con Guillermo Orea, Mario Almada, Rita Macedo, Martha Zavaleta, Martha Verduzco, Alicia Encinas y Xavier Estrada. Mi papel fue difícil, ya que al final tenía que hacer un desnudo total dentro de una jaula con todo el pueblo mirándome y vapuleándome; me apedreaban, me escupían. Fue todo un reto. Por esta película recibí la Diosa de Plata, de PECIME, como Mejor Actriz.

Y después de esta cinta, que me hacen

una oferta inusual que ya había rechazado en varias ocasiones. La revista *Interview* me propuso hacer una sesión fotográfica, pero no era cualquier sesión: ¡me querían desnuda! La verdad, no me costó mucho trabajo decidirme, estaba en un momento muy bueno de mi carrera y me sentía divina. Al final acepté la propuesta e hicimos unas fotos muy sensuales, eso sí, no llegué al desnudo total. Fueron unas fotos muy cuidadas, finas y algo eróticas, que tomaron en mi casa. Y qué te cuento, no me pagaron… te lo digo en serio; lo hice solo para mí. En cuanto Emilio vio la revista, me llamó para preguntarme: "Pato, ¿por qué lo hiciste?" "¡Pues porque estoy bonita y en mi mejor momento!" "Eso sí, bonita sí lo estás y mucho. ¿Pero por qué, Pato?" "¡Porque estoy divina!", ja, ja.

Ese mismo año también estelaricé en el Teatro Manolo Fábregas la obra *El año próximo... a la misma hora*, con Héctor Bonilla, escrita por Bernard Slade y dirigidos por Manolo. Por mi participación en esta puesta en escena me otorgaron las Palmas de Oro del Círculo de Periodistas de Espectáculos.

Con Héctor Bonilla.

Con Jacobo Zabludovsky.

Presentamos *Plaza Suite* en el Teatro Insurgentes (1978), de la autoría de Neil Simon, con José Gálvez, Armando Calvo y Jorge Lavat. En una función pasó algo espantoso. Aunque ya estaba separada y divorciada de Enrique, presencié algo horroroso: en escena, Jorge Lavat me plantó un beso (así lo requería el personaje) y Guzmán, furioso, lo esperó a la salida del teatro y le dio una golpiza… Con esta obra también estuvimos de gira por la República. Trabajé otra vez junto a Héctor Suárez y Carlos Bracho, en el montaje de Enrique Gou Jr. *La libélula,* de Aldo Nicolai, bajo la dirección de Mauricio Herrera, que presentamos en Toluca y luego salimos de gira. Al finalizar la temporada estrenamos *Ana Karenina,* dirigida por Héctor Mendoza en el Teatro Hidalgo.

Ana Karenina, un triste recuerdo. La obra estaba mezclada en el reparto, es decir, había actores universitarios y los que ya teníamos experiencia actoral. Héctor Mendoza, el director, se aventuraba a dirigir por primera vez teatro comercial. La obra es un gran clásico de la literatura universal y la escenografía del maestro Luna era sensacional. Imagínate, construyó una estación con todo y tren, una carroza con un caballo. Y qué te digo del vestuario: era divino, en una escena usé un traje verde que todos me

Con Carlos Bra

chuleaban. Y a pesar de todo ello, el montaje estaba mal construido o quizá mal traducido, no lo sé, porque el público en lugar de sufrir con la trama tan fuerte, se reía a carcajadas. La noche del estreno no la olvidaré jamás; al cerrarse el telón, corrí a mi camerino y lloré durante horas. Sergio Jiménez, Carlos Bracho y yo tuvimos que arreglarla como pudimos, nos esforzamos tanto que tuvo un mediano resultado. La temporada duró seis meses y cerramos con más de doscientas representaciones.

BYE, MAMÁ

Gabriela Alejandra era "Jajandra" porque no paraba de reír y hacer bromas. Siempre fue la cómica de la familia, desde niña le gustó el baile, así que la inscribí en la academia de ballet, como a mis otras hijas. La niña terminaba una clase y corría a otra hasta que cerraba la institución. En la escuela obtenía siempre las medallas y los primeros lugares, organizaba todos los festejos. Era una niña con una energía inagotable, sacó el carácter de su papá y mi temperamento y determinación.

No te puedo decir que nunca tuvimos problemas, al contrario. Desde niña supe que quería ser cantante, ponía los discos de su papá, cantaba y bailaba moviéndose casi igual a como lo hace ahora en sus *shows*. Se recibió como bailarina profesional y la eligieron para estudiar con el ballet cubano que había hecho mancuerna con el de Londres, pero ella no quiso ir a Cuba. Por más que le insistí que se fuera para aprovechar una oportunidad única, se negó y se quedó.

Era muy traviesa, se robaba mis vestidos y los cortaba para hacer sus vestuarios. Alejandra era terrible, se salía por las ventanas, se saltaba por el techo de la casa para escaparse, siempre estábamos buscándola. Llegaba del colegio y creíamos que estaba haciendo la tarea, o por la noche suponíamos que estaba dormida, pero claro que no, la niña estaba trepando por los techos para irse de fiesta. Hasta que un día empezaron a disparar creyendo que era un ladrón. Se llevó tal susto que, gracias a Dios, dejó de

Quince años de Alejandra en el Señorial.

hacerlo. A los 17 años decidió operarse los senos porque eran demasiado grandes para su estatura y luego de la recuperación desapareció. Se esfumó, se fue de casa sin decir nada, sin avisarle a nadie. Alguien me dijo dónde estaba. Se había enamorado y decidió irse a vivir a casa de su novio. Ya te imaginarás, le avisé a su papá, Enrique fue por ella y la regresó a casa. A pesar de mi trabajo procuré cuidarla y darle el mayor tiempo posible, aunque ella no lo entendía, se sentía sola y por eso prefería pasar más tiempo con sus amigos que en casa. Un día me dijeron que estaba haciendo cosas "raras", y yo claro que no lo creí; como te dije, era muy buena estudiante, tanto que fue elegida presidenta de alumnos del colegio en su generación. De verdad no lo creí. ¿Drogas...? Pero sí, era verdad, y yo no me di cuenta. ¡Qué estupidez!, cómo no pude verlo en ese momento.

La adolescencia de Ale fue muy difícil, desafiante y en muchos sentidos explosiva. Todo lo que vivimos con Enrique, mis ausencias y la pérdida de su hermana Viri fueron factores que la desestabilizaron mucho y la llevaron a tomar decisiones equivocadas. Luego volvió a desaparecer y regresó con un disco.

Yo estaba estrenando mi teatro Silvia Pinal, llegó para regalarme su disco y pedirme emocionada que lo escuchara para que le diera mi opinión. Cuando terminó el ensayo y me quedé sola en el teatro, le pedí al ingeniero de sonido que lo pusiera. Qué sensación tan fuerte sentí; el teatro vacío, yo parada en el escenario escuchando la grabación de mi hija:

Bye, mamá. ¡Me quise morir!, qué letra más fuerte. Pensé: ¡Dios mío!, qué tristeza, qué dolor tan grande que yo sea eso que ella dice, que le faltaran tantas cosas como menciona en la canción y nunca me di cuenta. Yo siempre sentí que había cumplido, mi amor y apoyo eran incondicionales y resultó que ella no lo vivió así.

Me habló por teléfono para preguntarme qué me había parecido: "Pues muy dura e injusta la canción, hija". "Ya, mamá, no seas así..."

Luego la acompañé al programa *Siempre en domingo* para presentar su disco. Volví a llorar, me dolía escuchar esa canción y más saber que fue escrita para mí.

Decidí alejarme de ella y dejarla hacer su vida, comenzó a desubicarse mucho hasta que conoció a Pablo Moctezuma y se enamoró de él. Al poco tiempo se embarazó de Frida Sofía, mi segunda nieta, y pasó una época muy tranquila, feliz, mágica.

La madrina de bautizo de Frida fue María Félix, que era amiga de Estela Moctezuma, la mamá de Pablo, con quien hasta la fecha tengo una extraordinaria relación. Si revisas las fotos, no me verás presente, ya que María puso

Pablo, Frida y Alejandra.

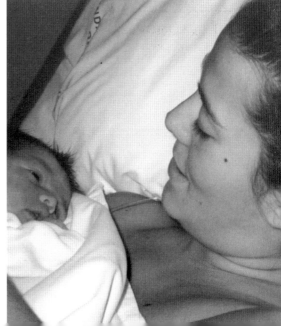

Con Alejandra y Frida.

Con Alejandra y Frida.

como condición para bautizarla que solo estuviera ella durante la ceremonia, ningún otro invitado. Yo no era una invitada, era la abuela. Me enojé muchísimo, lo único que pude hacer fue ver la ceremonia desde lejos. En cuanto a la pareja, todo iba muy bien hasta que los celos, según tengo entendido, hicieron que se separaran.

Artísticamente, Alejandra empezó a triunfar a lo grande, le fue muy bien, vinieron discos y discos, entre éxitos y tropezones. Ella nunca ocultó nada a su público, abiertamente ha contado su etapa con las drogas y el alcohol.

Los amores de Ale son su hija Frida Sofía, su hermano Luis Enrique, su padre —con quien pelea muchísimo porque tienen el mismo carácter— y yo. Sus pasiones: la música y el trabajo.

Estoy muy orgullosa de Alejandra, ha sabido salir adelante y vencer sus propios demonios y dejarlos atrás. Es auténtica, honesta, una mujer que se reinventa día a día, una guerrera.

Frida y Alejandra.

Luis Enrique y Alejandra.

Con mis hijos, mi nieta, Laura Peralta y Mónica Marbán.

Frida.

***

En 1980 Televisa lanzó una filial llamada Televicine, un proyecto que inició con la idea de filmar películas comerciales con actores conocidos de México y España utilizando locaciones poco conocidas para incrementar el turismo entre ambos países. Por esa razón viajé a España nuevamente y filmé *El canto de la cigarra*, dirigida por José María Forqué, compartiendo créditos con Alfredo Landa y Verónica Forqué. *El niño de su mamá,* sobre una pieza teatral de Alfonso Paso y con la dirección de Luis María Delgado, en la que interpreto a una *vedette* madre de un cantante de sexualidad indefinida y donde trato por todos los medios de definirlo sexualmente. *Dos y dos son cinco*, bajo la dirección de José Camerón y con la actuación de Juan Ferrara. *Carlota: Amor es... veneno* (1981), una coproducción de España-Italia dirigida por Stefano Rolla ambientada en Londres a finales del siglo XIX, compartiendo créditos con el francés Gastone Moschin, la italiana Antonella Lualdi y el español Rafael Alonso, escrita por Miguel Mihura.

Filmando *Carlota: amor es… veneno.*

FERNANDO

Era tradición familiar ir a Acapulco con cualquier pretexto, era y sigue siendo un lugar sensacional. Era el escaparate predilecto del *jet set,* empresarios y celebridades de la época. Punto de reunión obligatorio, lo mismo podías coincidir con Richard Burton que con Hilton. La pasábamos muy bien, era un ambiente bonito, sano, de baile, y lo que más disfrutaba era convivir con mis hijos y con mi nieta Stephi.

Salí un tiempo con Nick Hilton, el dueño de la cadena de los famosos hoteles. Como ya se había divorciado de Elizabeth Taylor, no existía impedimento para tratarnos. Lo conocí en la inauguración de su hotel en Acapulco, por una invitación de mi compadre César Balsa. Al evento acudieron muchísimas celebridades, entre ellas Salvador Dalí y su esposa, Gala. Hilton le había pedido que llevara algunos de sus cuadros para exhibirlos, al verlo fue inevitable recordar a mi querido maestro Buñuel y la furia que sentía hacia este pintor catalán, a quien, como te dije, culpaba de la muerte de Lorca.

Con Nick salí como siete meses, tuvimos un romance muy bonito, lo acompañé

Con Nick Hilton.

varias veces a Nueva York, y él venía a cada rato a verme a México. Era encantador, me hizo algunos regalos, pero a pesar de todo ello no logré ver en él al hombre perfecto, con quien soñaba compartir mi vida. Así que terminamos y quedamos como amigos.

Y una noche, sin imaginarlo, lo vi. Conocí a todo un "cuero" de hombre. Accionista y gerente de una importante discoteca. Lo adoré, era precioso, guapérrimo; nos hicimos novios y vivimos seis años juntos. Él se mudó a mi casa de Acapulco, otro pretexto importante para pasar más tiempo en la casa de la playa. Con los niños se llevaba de maravilla, era muy simpático, a cada rato los llevaba a esquiar y a navegar. Viri, Alejandra, Luis Enrique y Stephanie lo amaban.

Con Viri, Luis Enrique, Stepahnie y Alejandra.

Volví a enamorarme y con la magia de ese sentimiento llegué a pensar que esa vez sería para siempre, al fin lograría consolidar una pareja para toda la vida. Fernando Frade, así se llamaba, era más joven que yo. Las gringas y el viejerío de Acapulco iban directamente a buscarlo, y yo decía: ¡ay, Silvia, no te vaya a poner los cuernos...! Como ya te he contado, siempre he sido muy vanidosa, y eso de los cuernos no me va, menos provocados por una escuincla. Pero yo lo veía muy serio con las muchachas y encantador con mis hijos...

A los festivales y las invitaciones al extranjero iba con él, porque me

Con Fernando Frade, Alfredo Palacios al centro y Gloria.

Con mis tres hijas: Viri, Silvita y Alejandra.

encantaba su compañía, mantenía mi casa de Acapulco y los gastos de los viajes siempre corrían por su cuenta. Jamás le di un centavo, imagínate, habría sido humillante para mí. Estuvo conmigo porque me amó muchísimo, y yo a él.

Pero la diferencia de edades y algunas conductas raras que no me parecían de él me hicieron alejarme poco a poco. Quería darme un espacio para pensar y reflexionar si Fernando era realmente el hombre de mi vida y si nuestra relación era lo suficientemente fuerte, pero cometí un error… acepté la invitación de otra persona, un industrial divorciado. Salimos esporádicamente cuando yo estaba en México, y en una de esas me invitó a salir cuando yo debía estar en Acapulco. Fernando me buscó, me localizó y yo le inventé un cuento chino. Por supuesto que no me creyó ni el bendito, se dio cuenta de la situación. La relación comenzó a deteriorarse, y yo a alejarme. Me separé de él, y aun cuando seguía buscándome, para mí el romance había terminado. Fue un poco después cuando empecé a salir con Tulio, pero esa historia te la contaré más adelante.

Nada puede doler más en la vida que la traición de quienes amas. No me refiero a infidelidad, reconozco que yo di el primer resbalón, pero lo que sucedió después fue tan horrible que todavía me cuesta contarlo.

Con Fernando, Felipe Cantón y su esposa Gloria, en Las Vegas.

Generalmente he sido muy abierta y libre con mis hijos, he tratado de educarlos lo mejor posible, darles los valores que a mí me dieron y, sobre todo, inculcarles el respeto y el amor a sus padres. Muchas madres quieren vivir una segunda juventud a través de sus hijas, en mi caso jamás ha pasado ni pasará, cada una tiene su lugar, edad y momento.

En cuanto al trabajo, mi vida ha sido un constante esfuerzo por superarme y alcanzar metas. Nada de lo que tengo o de lo que he logrado me lo han regalado. Con este ejemplo también eduqué a mis hijos, a veces he fallado pero he tratado de darles siempre mi amor y legarles el ejemplo de mi lucha e inculcar en ellos la lealtad. Seguramente, como en todas las familias, se guardan pequeños y grandes reproches, anhelos no realizados que se vuelven frustración y pueden generar celos con el tiempo... Y tú, tontamente, crees en un principio que es admiración, pero con el tiempo descubres su verdadero nombre... Querer ser alguien que no eres, tratar de convertirte en otra Pinal, cuando solo puede existir una y nada más.

Lo que pasó produjo una herida que no ha logrado cerrarse. Esa, "la otra Silvia", quiso cubrir algo más en su vida que su posición como hija, como artista con su propia trayectoria, y transgredió lo más sagrado. Fue penoso, pero Fernando y ella tuvieron una relación, se casaron y concibieron una niña a quien no conocí. No sé si por retarme le pusieron el

Con Fernando en Venecia, Italia.

Con Fernando en Nueva York.

mismo nombre de mi hija, a quien perdí en aquel trágico accidente: Viridiana.

Me distancié de Silvita muchos años. Nunca pelearé por un hombre, no está en mí... Siempre fui deseada. Esa relación me dolió. Cuesta mucho superar la traición de quienes más amas. Qué necesidad de pasearse delante de mí presumiendo un amor que todos sabíamos no existía. Siempre le preguntaré: ¿por qué lo hiciste si ni siquiera lo querías?

Fue él quien todavía estando con ella volvió a buscarme varias veces, lloraba y suplicaba por regresar conmigo, pero por supuesto no quise ni abrirle la puerta.

Estando en España con mi mamá recibí una llamada de Tulio, me avisaba que la hija que tuvieron Silvita y Fernando había muerto ahogada en la piscina de su casa, tenía solo dos años de edad. Él estaba en la agencia funeraria acompañándolos; mientras hablábamos, mi hija le arrebató el teléfono y gritaba que la perdonara, lloraba diciendo que era castigo de Dios.

Esa relación inició mal y acabó de una forma muy dolorosa... En verdad, Dios mío, fue una etapa muy triste, y pensar que tal vez todo fue por retarme. Es un episodio del que nunca había hablado, algo que no debió haber sucedido jamás. Prefiero no profundizar en ello, deseo nunca más volver a tocarlo.

Tulio

A Tulio lo conocí en el centro nocturno El Patio, mientras presentaba mi *show Felicidades, Silvia.* Un día al finalizar mi espectáculo fui a saludar a unos amigos que se encontraban en el lugar, y ahí estaba él, acompañado como de unas 20 personas más. Me invitó pero solo pude permanecer un momento con ellos ya que tenía llamado temprano al día siguiente. Lo conocí al lado de otra mujer, Isabel Arvide; esa noche no dejó que me fuera hasta que me cantara una canción. Me pareció muy simpático y el detalle me gustó, la verdad es que no cantaba muy bien pero, eso sí, le encantaba hacerlo y le echaba muchas ganas. En repetidas ocasiones volvió a ver el *show*, yo lo miraba a lo lejos y preguntaba quién era, pero nadie me decía más allá de su nombre: Tulio.

Hasta que un día mi amigo Chucho Arroyo me ofreció un coctel en su restaurante para celebrar el éxito de *Felicidades, Silvia*, y por una

Tulio.

Con Tulio y Chucho Arroyo.

coincidencia también Tulio estaba celebrando algo en el mismo lugar. Nuestros motivos para festejar eran completamente distintos, mientras yo brindaba por el exitazo de mi *show*, él lo hacía por su salud. El conato de infarto que creyó haber sufrido resultó una falsa alarma; esto lo hizo tan feliz que tiró la casa por la ventana. Arroyo lo invitó al privado donde me estaban festejando. Tulio Hernández era gobernador de Tlaxcala, y cuando me saludó, le pregunté por Isabel; me dijo que ya no estaba saliendo con ella. Me contó que llevaba separado de su esposa más de año y medio y que en ese momento no tenía ninguna relación sentimental. Luego investigué y, en efecto, su mujer lo había dejado y vivía con sus hijas, era buen padre. Me cayó muy bien por sencillo, simpático; teníamos mucho en común y nos hicimos cuates, solo eso, cuates nada más… Después de un tiempo de amistad nos hicimos novios.

Era muy simpático cuando estábamos en reuniones o rodeados de personas, pero cuando nos encontrábamos solos, era muy serio, tímido. El día que me besó por primera vez temblaba y sudaba, me emocionó mucho esa situación ya que desde mi adolescencia no recordaba a alguien así, y pensé: ¡qué maravilla!

Con Alejandra, Luis Enrique y Tulio.

Con Olga Guillot, Tulio y Blanca Sánchez.

Amorosamente me decía que yo era la Virgen de Guadalupe; claro, todos los que lo escuchaban me choteaban y se reían: ¡ya llegó la virgen! Mis amistades no paraban de decirme "¡Ay, Silvia!, cómo sales con él, si está muy feo. Yo respondía: "Es tan culto que ni se le nota, además muy inteligente, dulce y cachondo".

En repetidas ocasiones me pidió que nos casáramos; la verdad, en un principio yo no quería hacerlo. Tras tres matrimonios y tres divorcios sabía que la vida conyugal no era nada fácil. Quizá también vivir conmigo resultaba bastante difícil, y adaptarme a los tiempos y a la vida de alguien tampoco se me antojaba mucho.

Pero al final me convenció con unas palabras muy bonitas y que acabaron de enamorarme: "Para llevarte adonde quiero, del modo que yo quiero, tienes que estar casada conmigo, tengo que darte tu lugar, no quiero que la gente piense algo que no eres. Para mí tú vales mucho, quiero que todos sepan que me casé contigo y te respeten como la esposa del gobernador".

Con Tulio.

Durante un palenque en el que estaba actuando en la ciudad de Tehuacán, Puebla, muy formalmente pidió mi mano a mi amiga Gloria y su esposo Felipe Cantón, luego a mi mamá y a mis hijos. La boda se realizaría el 27 de octubre de 1982.

Por primera vez no había diferencias con mis hijos, todos estaban de acuerdo en que me casara, lo querían muchísimo.

***

En ese año viajé a Argentina para rodar *Pubis angelical*, una novela de Manuel Puig, dirigida por Raúl de la Torre, al lado de Graciela Borges y Alfredo Alcón, en la que interpreto a la amiga mexicana de una enferma de cáncer que está hospitalizada.

Durante mi estancia en Buenos Aires fui invitada a una cena con unas condesas, en la velada no dejaron de comentar la magnífica puesta en escena de la *Señorita de Tacna*, así que despertaron mi curiosidad y al día siguiente fui a verla; tenían razón, me encantó y me propuse traerla a México. Conseguí el teléfono de la representante de Mario Vargas Llosa, autor de la obra; la llamé para solicitarle una entrevista, pero groseramente me dijo que el maestro no trataba esos temas y que cualquier asunto comercial tendría que hacerse con ella. Entonces, que se me sube lo Pinal a la cabeza y contesté: "Mire, habla Silvia Pinal, actriz mexicana, tengo

Con Tulio, Alejandra, mi mamá y Luis Enrique.

cuatro Arieles, tres Diosas de Plata, he trabajado con don Luis Buñuel, entre otras cosas... Estoy interesada en montar la obra en México". Y qué crees, mi currículum la impresionó y se comunicó conmigo para decirme que los derechos de la obra eran míos.

Al año siguiente, 1983, monté la obra en México. Caracterizaba a una anciana de 80 años que se remontaba frente al público al pasado y se transformaba en una jovencita de 20. La dirección fue de José Luis Ibáñez. Al contrario de la puesta en Argentina, cuyo montaje era oscuro, con tonos ocres, Ibáñez lo llenó de luz y matices claros. El maestro Vargas Llosa asistió como invitado especial y le encantó la propuesta mexicana. Por esa obra me dieron el Gran Premio de Honor de la Asociación Mexicana de Críticos de Teatro.

***

Me inicié como productora de mi primera telenovela: *Mañana es primavera*, en la que también actué; recibí el premio a mejor actriz del año. En los papeles protagónicos estaban Gustavo Rojo, Ofelia Guilmáin, Norma Lazareno, Eduardo Palomo y mi hija Viridiana, dirigidos por Sergio Jiménez. En ese momento nadie habría imaginado que tanta felicidad, el éxito profesional y el anuncio de mi boda se entristecerían tan brutalmente en un segundo, dejándonos marcados para siempre…

Viridiana en Tartufo.

MAÑANA ES...
PRIMAVERA

Era domingo 24 de octubre de 1982, el día había transcurrido con normalidad, yo tenía que salir temprano y entré al cuarto de mi hija Viri para despedirme. La puerta de su baño estaba entreabierta, la miré durante unos segundos mientras se secaba. Qué linda es, pensé mientras la miraba desnuda; delgada como una varita.

"¿Nos vemos en la noche, después del teatro?" "No creo", respondió, "tengo la cena de despedida con la compañía de la obra *Tartufo* que dejo por continuar con la telenovela. Mañana te cuento, hoy voy a llegar tarde".

Miré su cuarto: la cama destendida, sus objetos favoritos, sus fotos, el diploma que recientemente le habían dado como revelación en cine, su perfume. Me parecía increíble que mi niña tuviera 19 años, que la vida hubiera pasado tan rápido, que aquella nenita tan seria y temerosa estuviera despuntando con una carrera artística tan firme y con un futuro prometedor. Había participado en la serie de comedia para la televisión *¡Cachún, cachún, ra ra!*, y estaba en la obra de teatro *Tartufo*, de Molière. Por continuar

Con Viridiana.

Viridiana con el elenco de ¡*Cachún, Cachún, ra ra!*, en *Siempre en domingo*.

Viridiana con el elenco de *Tartufo*.

a mi lado en la telenovela tuvo que dejar el programa de televisión y también la temporada de *Tartufo*, que estaba presentándose en el teatro Hidalgo.

"Te quiero, hija..." Le dije mientras cerraba la puerta de su cuarto. "¡Y yo a ti, má!", la escuché responder.

Tan linda mi niña, pensé, la más apegada a mí.

Salí de mi casa hacia una cena. Nunca olvidaré el traje de piel, color calabaza, con plumas en el cuello, que ese día yo había elegido. Regresé cansadísima a casa pasada la una de la mañana del lunes 25 de octubre, pasé por el cuarto de Viri, lo vi cerrado, por lo que supuse que ya había regresado. Me quité el traje y lo dejé sobre un sillón de mi cuarto, apenas pude ponerme la bata y, sin darme cuenta, me quedé dormida; raro en mí, ni siquiera me desmaquillé.

Me despertó el timbre del teléfono, era la primera llamada, todavía estaba oscuro; preguntaron por Viridiana, sentí un escalofrío horrible, no le di mucha importancia. Todo está bien, pensé. Después las llamadas continuaron.

"Sí, aquí está, llegó anoche del teatro, no sé a qué hora. Su puerta está cerrada, en cuanto despierte le digo que llamaste".

El teléfono no dejaba de sonar, la gente me preguntaba por Viri, no entendía nada de lo que pasaba, pero algo presentí y volví a repetirme: Silvia, que todo está bien. No podía conciliar el sueño y prendí el radio, hablaban de un accidente: "Un automóvil Atlantic azul cielo, con permiso para circular, accidentado en..."

Tulio y yo le habíamos regalado a Viri un auto Atlantic...

Volvió a sonar el teléfono, era Silvita... Al principio no quiso decirme qué había pasado, solo que Viri había tenido un accidente. Le dije que no, que ella estaba en su cuarto dormida, y entonces Silvita me dijo: "Mamá, ya la vi y está muerta". Me dijo que su coche

Viridiana y Silvita.

había derrapado en una curva y su cuerpo estaba todavía en el lugar del accidente.

Me puse lo primero que encontré, la misma ropa que había llevado a la cena, pensando en el fondo que no se trataba de mi hija, "cómo voy a ponerme de negro, de luto, no es ella, Silvita se equivoca. Viri está bien, todos están confundidos". Con mi traje color calabaza, de cuero y plumas al cuello, fui dispuesta a demostrarles a todos que mi hija estaba bien.

Cuando llegué al lugar del accidente, estaban sacando su cuerpo; había quedado prensada en el coche. Tardaron mucho en liberarla. Después la subieron en una ambulancia y yo me fui con ella. No pude tocarla, solo miraba sus restos cubiertos tratando de entender lo que había pasado. No me permití abrazarla, de ninguna manera podía sentir la frialdad de la muerte en aquel cuerpo que había visto unas horas antes. Mi niña, quien era mi gran felicidad y mi compañera, la mejor estudiante, con un futuro prometedor. No, no la toqué, no pude, habría sido como dar el cierre definitivo a algo que no aceptaba.

No sé quién hizo los trámites en la delegación y en la funeraria; me dijeron que le habían perdonado la autopsia. Yo permanecí con mi hija todo el tiempo, no podía llorar, pero tampoco podía tocarla.

Había una confusión enorme, comenzó a reunirse muchísima gente; algunas personas me veían y, sin saber qué me estaba pasando, me saludaban y hasta me felicitaban. Trasladaron el cuerpo de mi niña a la funeraria, a medida que la noticia se iba difundiendo, más gente llegaba al lugar. Entonces, Gustavo, su papá, me dijo: "Mira, Japonesa, esto va a ser un circo, vamos a enterrarla ya, porque no lo vas a resistir".

Y así fue, ese mismo día Gustavo y yo la dejamos en la cripta, seguía en *shock* y así continué durante mucho tiempo.

Cuando llegué a mi casa y por fin pude estar sola, me quité ese traje color calabaza —que nunca más volví a usar—, entreabrí la puerta de su cuarto, el aroma de su perfume todavía estaba ahí. Ni siquiera entonces pude llorar. Cerré su puerta, "buenas noches, hija", murmuré, pero la respuesta nunca llegó.

Durante mucho tiempo no pude decir que había muerto, decía simplemente "se fue", "no está". No lograba entender lo que había pasado y a la fecha sigo sin entenderlo, en esos momentos solo hacía lo que me decían que tenía que hacer.

Viri tenía un personaje importante en la telenovela, y yo tuve que hacer el cierre, la despedida de su papel, a nadie le permitiría sustituirla. La escena fue muy parecida a la vida real: salí a cuadro despidiéndome de su recámara, de sus cosas y diciéndole: "Hasta luego, m'ijita, ya nos veremos". Tuve que hacer un esfuerzo sobrehumano, la garganta se me cerraba y los recuerdos volvían. Finalmente, después de no sé cuántas tomas... terminé.

Mucha gente quería ayudarme, me decían "cree en Dios" y yo creía, aunque en ese momento renegaba de todo. Otros me aconsejaban: "ve a la iglesia", pero yo lo único que quería era a mi hija de vuelta, saber por qué había pasado, y hasta ahora es algo que no me explico y me sigo preguntando. ¿Por qué?

Viridiana y Alejandra.

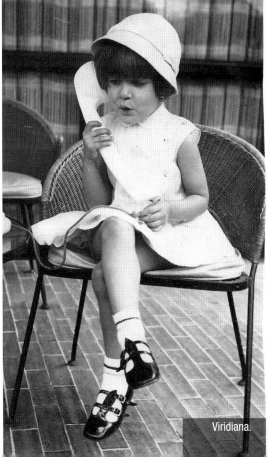

Viridiana.

Ha sido el peor momento de mi vida, no entiendo cómo una niña tan jovencita, tan bonita, con tantos proyectos y cosas por hacer, se hubiera ido.

La historia del accidente fue así: Viri y Jaime Garza eran novios, hicieron una reunión en el departamento de Jaime con amigos comunes, todos actores y actrices, para despedirla de la obra de teatro en la que participaba. Al parecer, Viridiana se molestó por la actitud de alguno que se había pasado de copas y le pidió a Jaime que terminara la fiesta. Jaime no quiso, así que Viri se enojó y salió del departamento. Acababa de llover y ella, según me contaron, se subió a su coche llorando. Derrapó en una curva, el coche dio vueltas y cayó en una cuneta, lamentablemente ella no tenía puesto el cinturón de seguridad...

Luego me enteré de una carta que Ale le había escrito a su hermana Viri a un año de su muerte.

Viridiana y Alejandra.

Viri:

Hoy que cumples un año de no haber estado con nosotros, en físico. Te he extrañado mucho y me he acordado mucho de Ti. Algunas veces he sentido la necesidad de platicar contigo, porque te necesito. Sabes, me he dado cuenta de todas las personas que te quieren y me da mucho gusto.

Me gusta mucho soñar contigo, pero me gusta solo cuando me dices que estás bien. ¿Sabes?, algunas veces pienso que si me dijeras qué fue lo que pasó o si tienes algo que no te deja en paz, que me lo hagas saber por algo. Tú sabes que yo siempre te voy a ayudar en lo que quieras.

A veces me siento sola y pienso en ti en muchas otras cosas. Me han pasado cosas que nunca me habían pasado y siento que tú donde estés me ayudas y todo.

Viri: quiero platicar contigo, tú sabes cómo soy de miedosa y sabes cuánto deseo verte, creo que sabes todo lo que ha pasado con mi mamá, con Silvita, con Stephie, con Fer, con todos. A veces pienso que Silvita es muy buena, pero que necesita a alguien, como cuando tú la ayudabas y te llevabas muy bien con ella. Mi abuelita me platica mucho de ti y de todo lo que pasa. También me acuerdo de cuando llorabas por lo que te hacía mi mamá y me decías que conmigo iba a ser igual cuando creciera. Ahora comprendo por qué me decías todas esas cosas. También sabes cuando me di cuenta de que quieres que me lleve con los que te llevabas, cuando Memo me dijo que si era tu hermana. Me encanta también cuando Alberto un día que estábamos en el coche me dijo que se la pasaban por todas las discotecas buscando a Beto. ¡Ay! Viri también cuando lloraste porque te pegó. Lolis me platica y nos entendimos porque ella me dice que siente que como que te fuiste de viaje y yo le digo que siento que estás conmigo. Y a nadie le he dicho cuando te platico y que quiero ser como tú. Viri, no sabes las ganas que tengo de verte. Tú sabes que cuando quieras platicarme o desahogarte de algo aquí estoy. Un poco lejos, pero no importa.

Te quiero y te extraño horrores

TU HERMANA Alejandra.

Cuando un hijo pierde a sus padres, se le llama huérfano; cuando una madre pierde a una hija... ¿cómo se le llama?, ¿lo sabes tú?

La vida
CONTINÚA

…una frase muy trillada, pero cuando te encuentras sumergida en el dolor, la desesperación, abatida por la pérdida irreparable de un ser al que amas tanto, pero sobre todo en la negación total de lo que pasa, debes poner todo de tu parte y tratar, en la medida de lo posible, de salir adelante… La ausencia de Viri me acompañará siempre, hoy tras tantos años de ese trágico accidente la sigo extrañando y amando. La herida de la pérdida permanecerá y dolerá siempre.

Al final, no sé de dónde saqué la fuerza necesaria para sobrellevar la pérdida de Viri… pero continué. Había un compromiso por cumplir, la telenovela estaba al aire y, a pesar de mi dolor, la función tenía que continuar. Y sobre todo, debía y quería ayudar a mis otros hijos, que me necesitaban y se encontraban sumergidos en un profundo dolor, pues también amaban a su hermana. Como familia, la muerte de Viri nos destrozó… y Tulio...

Ya había un compromiso con Tulio, una boda pendiente. Más que querer, tenía un compromiso con quien me sostenía emocionalmente y a quien mi hija había querido tanto. En ese momento pensaba en todo menos en la boda; yo quería suspenderla. Entonces, Tulio me dijo: "Silvia, todo está arreglado, no lo puedo cancelar. Entre los invitados están embajadores, políticos, periodistas, expresidentes y hasta el mandatario en turno; además, aunque nos casemos dentro de un mes o dentro de un año

¿vas a sentirte mejor? No. Vamos a casarnos ya, lo hacemos rápido". "¿Pero, Tulio, cómo me voy a casar?, no tengo ganas de nada". Y al final me convenció. La boda se aplazó 10 días, hicimos la recepción en Tlaxcala. Fui la novia ausente, aunque presente; no dejaba de pensar en mi niña.

***

Ser la esposa del gobernador de Tlaxcala y de un hombre tan trabajador me motivó a canalizar mi dolor al servicio de otros y cumplir mis responsabilidades como su esposa. Dentro de mis responsabilidades estaba el DIF y la institución de cultura FONAPA, había muchas cosas por hacer y las llevé a cabo con gusto. Trabajando, dando a los demás y al estado todo mi esfuerzo. Se logró, por ejemplo, reconstruir las ruinas de Cacaxtla y techarlas para conservarlas; rescatar el Teatro Xicoténcatl del estado, que era un gallinero, lleno de telarañas y murciélagos; estaba completamente abandonado. Lo pude reconstruir con donaciones que recaudé con mis amigos haciendo, entre otras cosas, ventas de arte; me quedó precioso. Mandé traer un artista del extranjero para que pintara el techo del teatro con las musas del arte, y él, en un gesto de agradecimiento, pintó mi rostro en una de ellas...

Reestrené el teatro con la obra *La divina Sara*, de John Murrell, al lado de Aarón Hernán y dirigidos por Susana Alexander. Invité a Rafael Solana al estreno; al terminar la obra se fue. Yo me sentí un tanto decepcionada por su actitud; sin embargo, su crítica fue muy buena y nació una

En *La divina Sara*.

bella amistad entre nosotros. Este proyecto me llenó de satisfacción y me sentí orgullosa, todo lo que se recaudó lo doné al asilo de ancianos del estado. Debido al éxito que tuvimos montamos la obra en el Teatro de la Ciudad, en el Distrito Federal, con la misma misión: apoyar a las personas mayores.

***

En 1983 mis actividades se diversificaron, por un lado debía cumplir con varios compromisos al lado de mi esposo, y por el otro volví a trabajar para la televisión, en el Canal 2 de Televisa, produciendo la telenovela *Cuando los hijos se van*. Estuvo protagonizada por Saby Kamalich, Raúl Ramírez, Alejandro Camacho y Enrique Rocha. También actuaron mis tres hijos, Silvia, Alejandra y Luis Enrique.

Un año después inició una nueva producción, la telenovela *Eclipse*, escrita por el dramaturgo Vicente Leñero; compartí crédito estelar con Joaquín Cordero. En esta novela nos atrevimos a tocar varios temas hasta entonces no tratados en la televisión mexicana, como el psicoanálisis.

Con Joaquín Cordero.

Con Sergio Kleiner.

Con Ricardo Rocha en la presentación de *Eclipse*.

***

No paraba de trabajar, los proyectos continuaban y poco a poco iba encontrando en Tulio la tranquilidad y estabilidad que tanto había buscado. Y cuando crees que la vida va tomando su cauce, la tragedia nos volvió a visitar… Tulio tuvo un accidente espantoso en su motocicleta, sufrió un edema cerebral que lo llevó a estar 12 días inconsciente y en terapia intensiva. A pesar del dolor que me provocaba esta situación, nuevamente tuve que ser la mujer fuerte y enfrentar la situación, disimulando la gravedad del asunto. Tulio era apreciado por la gente, su trabajo y lo que estaba logrando para el estado lo respaldaban; nadie del gobierno estatal y federal quería que lo ocurrido se supiera, la entrada de un gobernador interino no era la solución y lo evitarían a toda costa. Gracias a Dios, poco a poco fue recuperándose.

Salió adelante, aunque de aquel brutal accidente le quedaron muchas secuelas: hablaba con dificultad, se desplazaba torpemente y requería ayuda para su vida cotidiana. Cuando tenía que presentarse en actos públicos, disimulaba a la perfección. Nunca olvidaré el día que tenía que dar su informe, no estaba segura de que pudiera hacerlo con fluidez. Estaba nerviosísima a medida que se acercaba la fecha, le decía: "Tulio, por favor, vamos a leer, vamos a ensayar, no te puedes arriesgar", pero él solo miraba el texto y lo dejaba sobre el escritorio. Nunca lo vi ensayar el discurso que le había preparado su equipo de trabajo. Unos días antes del informe recibí una llamada de Miguel de la Madrid, entonces presidente de la República Mexicana; me preguntó por la salud de Tulio y si se encontraba en condiciones para presentar su informe. Me quería morir, no sabía ni qué decirle, solo le aseguré que él estaba en perfecto estado y nadie notaría lo ocurrido; mi angustia aumentó aún más. El día del informe llegó, te juro que no sé cómo lo hizo, pero rindió cuentas de su gobierno sin que nadie notara una sola de las secuelas del accidente.

Tulio se desvivía por hacerme feliz, era un buen hombre. Había comprado un terreno y con su dinero mandó construir una casa en Tlaxcala utilizando piedras de río. Era divina, modesta, acogedora, con todos los servicios necesarios. Al concluir su mandato como gobernador tuve que dejar mi casita; aunque era propiedad de Tulio, prefirió cederla al estado. La gobernadora electa no quiso ocuparla, dijo que no era casa para un político, sino para una actriz. ¿Y qué era yo?, por supuesto que soy actriz, pero también fui la esposa del gobernador que tanto hizo por el estado, y mi profesión me ayudó para apoyarlo en beneficio de Tlaxcala.

Al concluir Tulio su cargo como gobernador (15 de enero de 1981-14 de enero de 1987), tomó posesión Beatriz Paredes y mandó quitar de mi querido Teatro Xicoténcatl la musa que tenía mi rostro, ya que pensó que lo había mandado a hacer por un capricho o un arranque de ego. Luego, ella misma ordenó que lo volvieran a pintar.

Tulio y Beatriz Paredes.

No tengo palabras para expresar lo que Tulio significó en mi vida: compañero, hombre íntegro, jamás me traicionó y siempre me apoyó; el hombre divertido que amaba cantar y disfrutaba la vida, un apasionado de la fiesta taurina que no perdía oportunidad para dar unos pases a los novillos en la bellísima plaza de toros que está al lado de la imponente Catedral de Tlaxcala. Nunca olvidaré a la gente que se subía al campanario para ver a Tulio torear, era un espectáculo verlo. El extraordinario gobernador que debió ser presidente, pero el destino y su salud decidieron que no fuera así.

Con Mónica Marbán, Alfredo Palacio, Tulio, Lourdes Nieto, Los Rodríguez, Felipe Cantón y Gloria.

Dejar el estado de Tlaxcala como gobernadores también dio pie a que nos fuéramos distanciando. Tulio cambió mucho después del accidente, tenía muchas secuelas físicas, pero las más difíciles de sobrellevar fueron las emocionales. Ya no era el mismo de antes, se volvió huraño, irritable, dejó de disfrutar la vida… A pesar de eso, seguimos casados varios años más y vivió en mi casa hasta que quiso, pero ya no como pareja, sino como dos amigos.

SILVIA
PINAL
es

MAME

Libro:
JEROME LAWRENCE Y
ROBERT E. LEE.

Música y Letras:
JERRY HERMAN

Traducción y Adaptación:
BERTHA MALDONADO
JOSE LUIS IBAÑEZ

Basado en la novela de
PATRICK DENNIS

TELEVITEATRO-1

UN TRÁGICO
DESPERTAR

Jueves 19 de septiembre de 1985 a las 7:17:47, hora local en la ciudad de México, un terremoto que alcanzó una magnitud de 8.1 grados nos sorprendió a todos. Muertos, heridos, desaparecidos; edificios y casas destruidas; interrupción en el servicio de agua, teléfono y energía, fugas de gas y la paralización total del transporte público fueron el terrible escenario de esa mañana. Uno de los pasajes más dolorosos en la vida de nosotros los mexicanos. Imposible de olvidar lo que vivimos.

Las noticias eran devastadoras, informaron que las instalaciones de Televisa Chapultepec habían sufrido graves daños; no lo pensé dos veces, en cuanto me enteré corrí hacia el lugar. Encontré a Emilio parado frente a las ruinas del imperio que los Azcárraga habían construido.

"Pato", le dije. Me miró, no podía contener el llanto, fue de las pocas veces que lo vi llorar. Con desesperación, me decía: "Mi gente está ahí, atrapada. Quién sabe cuántos estén con vida". "Y tu teatro, ¿qué sabes de él?"

Estaba tan aturdida que no entendí a lo que se refería. "¿Mi teatro...?" Y sí, de manera coloquial se dice "tu teatro" cuando alguien está protagonizando una temporada, yo estaba en *Mame*... La cartelera de los llamados Televiteatros decía SILVIA PINAL es MAME... y una figura grandísima de mí, caracterizada como Mame, con cigarro y estola, anunciaba la temporada... Cuando llegué, me quise morir, la impresión fue horrible, mi figura estaba en el suelo, destrozada.

Entre pleitos y jalones entré al teatro, uno de los rescatistas que estaba en el lugar me acompañó. En el interior todo estaba destruido, tuve que arrastrarme para constatar la magnitud de lo ocurrido, solo quedaban butacas rotas, el escenario estaba hundido y el tanque de gas que estaba en el techo se había venido abajo; la escenografía y el vestuario estaban destrozados. Al fondo vimos una pequeña llamita, la apagamos y nos sacaron a todos, ya que había peligro de una explosión.

Regresé con Emilio a Televisa Chapultepec y juntos nos fuimos a las instalaciones de San Ángel. De inmediato me incorporé a una brigada para alimentar a los rescatistas. Permanecí ahí el tiempo que fue necesario.

Unos días después, un señor muy humilde me buscó: "Señora, estuve en las ruinas de los Televiteatros; creo que esto es suyo", dijo dándome una zapatilla. En efecto, aquella zapatilla la usaba en uno de los números musicales de *Mame*. Varias celebridades y actores organizamos una subasta de objetos personales, entre ellos estaba la zapatilla, que se vendió en un millón de pesos, de aquel entonces. El dinero fue para los damnificados.

Los Televiteatros se perdieron, y yo no podía permitir que toda la compañía de la obra se quedara sin trabajar. La necesidad era mucha, así que le pedí a Manolo Fábregas que me alquilara su teatro para reponer *Mame*. Pensaron que estaba loca, pero lo logré, reestrenamos en noviembre de ese año. Para sorpresa de todos, la temporada se mantuvo y toda la gente que trabajaba conmigo pudo mantener su ingreso.

Escena final de *Mame*.

Mujer,
CASOS DE LA
VIDA REAL

Siempre he tenido el deseo y la necesidad de hacer algo para ayudar a la gente, de una u otra forma trato de hacerlo, y gracias a mi programa *Mujer, casos de la vida real* pude conseguirlo por primera vez de manera masiva. Como ya te conté, había realizado una serie de 13 programas para la televisión con el nombre de *Mujer* (1971), en los que trataba problemas cotidianos de las mujeres en México.

Un día, hablando con el argentino Jorge Lozano, surgió la idea y la creación de uno de los mejores proyectos de televisión que he tenido en mis manos: *Mujer, casos de la vida real* (1985), el programa trataría hechos reales, cuyos casos serían enviados por el público. Los primeros capítulos fueron sugeridos por el propio Lozano, y la idea era desarrollada por las escritoras Rosa Salazar y Rosa Sabugal. Después de un tiempo solo quedó Rosita Salazar como escritora, y yo, desde el principio, como la productora de todo el proyecto. Muy pronto, y tras el éxito obtenido, la gente comenzó a enviarme sus propias historias. Lo sensacional era que también las personas que nos veían ayudaban a resolver los casos. Muchas veces iban como invitados los protagonistas reales de las historias y aparecían al final del capítulo a mi lado, solicitando la ayuda del teleauditorio. También contábamos con especialistas que daban consejos para enfrentar o superar algunas situaciones.

A través de ese programa tratamos temas que hasta ese entonces eran considerados tabúes en la televisión mexicana, como la homosexualidad, violencia doméstica, aborto, prostitución, incesto, cáncer, sida, secuestro, entre otros. Era un trabajo integral porque además de su objetivo principal, servía como una plataforma para dar trabajo a jóvenes que iniciaban su carrera artística, egresados del Centro de Capacitación Artística de Televisa, así como para actores que ya por su avanzada edad les resultaba muy difícil encontrar trabajo en la televisión.

Con productores de Televisa.

Recuerdo muchísimos casos que me impactaron, entre ellos el de un hombre que buscaba a su hijo ilegítimo para dejarle su herencia; el de un travesti que vivía en Costa Rica y que adoptó un niño que enfrentaba todo tipo de problemas en su entorno; el de una mujer que aceptó a través de una carta haber matado a su hija; o el caso de una niña robada en Celaya, en el estado de Guanajuato. Habían pasado unos cuatro o cinco años desde el robo de la chiquita, y la madre, desesperada por encontrarla, me buscó para contarme su historia y pedirme ayuda. Grabamos la historia, y tras terminar el programa, la señora salió al aire conmigo. Dimos señas de la niña, mostramos una foto que tenía y juntas pedimos que cualquier persona que la hubiera visto o supiera algo de ella nos lo informara.

A los pocos días, una telefonista de un pueblo de Guanajuato llamó para decir que la niña estaba ahí, frente a ella, jugando, y que era cuidada por unos viejitos. En una segunda llamada que hizo me dio datos más precisos para la localización de la menor. La policía hizo las pruebas pertinentes y concluyeron que sí era María Fernanda, la niña robada. La mamá, en agradecimiento, me pidió que fuera madrina de quinceaños. Hoy esa pequeña es toda una mujer, que me habla y visita constantemente.

En conferencia de prensa el día que apareció María Fernanda.

Con María Fernanda en su fiesta de Quinceaños.

Como esas, hay muchas historias que se resolvieron en los 23 años que duró el programa, y que me siguen dando una gran satisfacción; fue una etapa preciosa en mi vida. El programa se sigue transmitiendo en muchos lugares, como Estados Unidos, Europa y Latinoamérica. En fin, a casi todo el mundo; imagínate, hasta fue doblado al idioma chino.

En febrero de 2007 me dieron un Premio Especial *Tv y Novelas* por el programa; a lo largo de las transmisiones logré muchos otros reconocimientos tanto nacionales como extranjeros, pero el mayor es el que el público le sigue dando.

También como parte del proyecto de *Mujer, casos de la vida real* fui editora de mi propia revista, que llevaba el mismo nombre del programa y que publiqué de 1989 a 1994. Por este proyecto recibí, por parte del Círculo Nacional de Periodistas, el premio a la Excelencia Profesional "Palmas de Oro", en su entrega XXI en 1989.

Develando placa de *Mujer*... con Norma Lazareno, Luis Couturier, Leticia Perdigón, Gustavo Rojo y Diana Bracho.

Con Irán Eory.

Con Silvita y Daniela Romo.

Con Marga López y Mónica Marbán.

Con Claudia Islas, Lolita Ayala y María Victoria.

***

Y como ya sabes que no me canso, a la par que hacía *Mujer...* en 1987 produje la telenovela *Tiempo de amar*, con Lupita D'Alessio, Fernando Allende, Kitty de Hoyos, Claudio Obregón, Dina di Marco y mi hija Alejandra, entre otros muchos. El guión fue de Alberto Cura y la dirección ¿de quién crees?, pues la hizo Rafael Banquells, con quien mantenía una buena amistad y se encontraba casado con Dina, que también estaba en la telenovela. Fue de los últimos trabajos que hizo Rafael como director, murió unos años después, en 1990.

En este mismo año, 1987, Tulio concluyó su periodo como gobernador de Tlaxcala y regresamos a la ciudad de México a instalarnos en la que siempre ha sido mi casa, en el Pedregal. A los pocos meses de haber vuelto, Luis Enrique, mi hijo, que todavía vivía conmigo, me dio la noticia: me iba a hacer abuela y había tomado la decisión de casarse, solo tenía 19 años... Es increíble que mis tres hijos se hayan casado a tan temprana edad. Me sorprendió la noticia. En un principio me puse furiosa, pero al final lo apoyé. Se casó por lo civil en casa de su novia.

Desde pequeño, Luis Enrique fue muy inquieto, y al contrario de mis hijas, nunca le gustó estar frente a las cámaras. Es amante de la adrenalina, paracaidista, buceador, productor musical, DJ, padre de dos hijas: Giordana y Sherza. Una de ellas es excelente tatuadora y autora de los tatuajes que se ha hecho.

Con Luis Enrique y Giordana.

Giordana y Sherza.

Luis Enrique, Frida y Giordana.

Alejandra, Luis Enrique, Giordana y su entonces esposa.

Con Giordana y Sherza.

***

Diez años después de haber filmado *Pubis angelical*, participé en 1992 en la película *Modelo antiguo*, bajo la dirección de Raúl Araiza, con guión original de Luis Eduardo Reyes. Una historia dramática que me encantó desde que me la dieron para leer. Interpreto a Carmen Rivadeneira, una locutora de radio que al enterarse de que padece una enfermedad terminal decide disfrutar el tiempo que le queda de vida y visitar todos aquellos lugares que le traen buenos y malos recuerdos de su pasado, para lo cual contrata a un taxista que se convierte en el gran amigo, con quien vive intensamente sus últimos momentos. En la cinta, el papel de la protagonista cuando era joven lo realiza mi nieta Stephanie. También participaron entre otros, Alonso Echánove, quien hizo un papel precioso como Juan, el taxista; Norma Herrera, Julieta Egurrola, y hasta Paquita la del Barrio.

DE LA
ANDI A LA CÁMARA DE
DIPUTADOS...

Ser la primera dama en el estado de Tlaxcala me fascinó, fue una gran experiencia, uno de esos pasajes de vida que siempre tienes presente y que te llenan de orgullo. Asumir la responsabilidad del DIF estatal, ayudar y trabajar para los demás fue algo que me marcó. Cuando dejamos la gubernatura del estado, en 1987, regresamos al DF y Tulio siguió con su carrera política. Se convirtió en asesor político del entonces Jefe del Departamento del Distrito Federal, Manuel Camacho Solís, y en 1989 asumió el cargo de presidente del Partido Revolucionario Institucional en el Distrito Federal y luego fue electo Diputado Federal plurinominal a la LVII Legislatura de 1997 a 2000. Mi necesidad de seguir ayudando, de tener voz dentro de los foros políticos para defender a los demás y luchar por la gente iba en aumento, por lo que seguí trabajando y buscando los espacios propicios para hacerlo.

Así fue como inicié mi campaña para la presidencia de la Asociación Nacional de Intérpretes (ANDI), en 1988, y gané. Fui la primera mujer en ocupar ese cargo, me tocó enfrentar una situación muy difícil y complicada. Mi antecesor, el también actor y productor, Raúl Ramírez, había sido acusado de fraude; él y su consejo directivo decidieron invertir el dinero de la ANDI en la Casa de Bolsa Probursa, poniendo en riesgo el patrimonio de la asociación, situación que estaba prohibida por los estatutos. Esto lo llevó a la cárcel, la pérdida económica no fue importante, regresó todo

En reunión de la ANDI con Alejandra Moreno Toscano, Carlos Bracho, Manuel Camacho Solís, Mario Moreno *Cantinflas* y Gerardo Estrada, entre otros.

el capital y al cabo de tres meses pudo salir del Reclusorio Oriente de la ciudad de México. Siempre estuve en desacuerdo con esa acusación, Raúl quiso incrementar el capital de la asociación, y yo estaba convencida de que él había actuado de buena fe.

Desde su creación soy miembro fundador y sigo en activo, la respeto profundamente. Su historia comenzó hace más de 50 años, cuando varios actores nos reunimos en un teatro, entre ellos estábamos Rodolfo Echeverría Álvarez (Rodolfo Landa), Víctor Junco, José Ángel Espinoza *Ferrusquilla*, José Elías Moreno, Enrique Rambal, don Fernando, Domingo y Julián Soler, Tony Aguilar, Manolo Fábregas, Rafael Banquells, y ahí nació esta asociación. A la hora de la votación, para ver quién estaba de acuerdo con su constitución, levantamos la mano los que votábamos a

favor, yo fui la quinceava en levantarla, desde esa fecha conservo mi credencial con el número 15. Fuimos 39 los socios fundadores, y nuestra misión como asociación era, y hasta la fecha sigue siendo: defender los derechos morales y patrimoniales de los intérpretes regidos por la Ley Federal del Derecho de Autor.

Durante mi gestión al frente de la ANDI me dediqué, entre otros muchos asuntos, a la tarea de defender los derechos de los intérpretes y tratar de impulsar normas que persiguieran y castigaran la piratería en discos, casetes y CD. Asimismo, celebré varios convenios internacionales para mejorar las condiciones de los afiliados, los cuales al pasar de los años han tenido continuidad gracias a las personas que han estado a cargo de la asociación, actualmente constituida como Sociedad de Gestión Colectiva.

***

Me encantaba ver a Tulio mientras hablaba de política, y yo, la verdad, aunque estaba al frente de la ANDI, echaba de menos no ser parte directa de esa vida. Un día, por una de esas extrañas coincidencias del destino, Marcelo Ebrard, quien conocía mi preferencia priísta, me ofreció lanzarme como candidata a diputada por ese partido para el Distrito XXVII. Era en el Distrito Federal, el tercero en tamaño, ya que comprendía las delegaciones Coyoacán, Tlalpan e Iztapalapa; en verdad era un distrito muy difícil de representar, reunía, entre otros, a los pueblos de Culhuacán, la Narciso Mendoza, Alianza Popular Revolucionaria y todo el Cerro de la Estrella. A pesar de todo ello la oferta me encantó y casi inmediatamente acepté, pero nunca imaginé que debía librar dos grandes batallas: la primera, compitiendo contra José Ángel Conchello, del PAN, y Pedro Peñaloza, del PRD; dos políticos reconocidos y bien preparados. La segunda y más difícil fue con Tulio, quien se negaba a que aceptara el cargo; me aconsejaba que no lo hiciera, buscaba cualquier argumento para hacerme desistir de mi idea, me mareaba con supuestas hipótesis de lo que iba a pasar. Entre otras muchas cosas me decía: "Estás loca, tú no eres de sexenios, no te metas". Pero ¿qué crees?, que no le hice caso, acepté la propuesta. Inicié campaña y les gané a todos.

En diciembre de 1991 resulté electa diputada federal por el PRI en la LV Legislatura, cargo que duró hasta 1994. Como diputada y representante del pueblo, luchaba por defender las ideas, las leyes y el bien común de todos los mexicanos. Trabajaba entre 28 y 30 horas a la semana, dormía cinco horas y regresaba a trabajar. Tenía que distribuir mi tiempo entre la Cámara de Diputados, la ANDI y mi trabajo como artista. Fue una etapa intensa, pero de grandes logros y aprendizajes. Ahora que lo pienso, no sé de dónde saqué fuerza y tiempo para cumplir con todos esos compromisos.

Como presidenta de la ANDI, asistí a varias reuniones internacionales de la FLAIE (Federación Latinoamericana de Artistas, Intérpretes y Ejecutantes), que estaba integrada en ese momento por las sociedades de Brasil, Colombia, Uruguay, Argentina y México. Su objetivo principal era la protección y el reconocimiento de los derechos intelectuales de artistas e intérpretes, ya fuera en discos, películas, televisión y radio, no solo en sus países de origen, sino también en todos los países latinos. Una de las contribuciones de la FLAIE fue el apoyo a la fundación de la Asociación de Artistas, Intérpretes y Ejecutantes de Chile (ASAIECH), misma que convocó a celebrar en 1991 el Primer Congreso Iberolatinoamericano del

Con Luis Cobos.

Con Ivonne Ortega, gobernadora de Yucatán, y Armando Manzanero.

En una reunión de la FILAIE.

Espectáculo Artístico y sus Derechos Intelectuales, en el cual participaron Argentina, Uruguay, Colombia, México, Venezuela, España y Chile. Fue un evento muy importante, ya que surgió la idea de crear un organismo que representara a América, España y Portugal.

En 1992 se realizó en Madrid otro congreso, al que por supuesto también asistí como representante y dirigente de la ANDI. En él ratificamos la creación de la nueva entidad, a la que nombramos Federación Iberolatinoamericana de Artistas, Intérpretes y Ejecutantes (FILAIE), que ocupó el lugar de FLAIE, en la que se acepta y ratifica como socios a Bolivia,

España y Portugal. Al integrarse estos dos países europeos se abrieron las posibilidades internacionales fundamentales para cualquier entidad de gestión colectiva del mundo. También aprobamos la participación de la FILAIE en la siguiente reunión de la Organización Mundial de la Propiedad Intelectual (OMPI), a celebrarse en la sede, en Ginebra, Suiza; quedamos como delegados José Votti, de Argentina; Luis Cobos, de España, y yo. Entre otros puntos, solicitamos a la OMPI que se promulgara una ley tipo para la defensa de los derechos de intérpretes.

A mi regreso a México, finales de 1992, inauguré la nueva sede de la asociación en la colonia Roma, acompañada del Jefe del Departamento del Distrito Federal, Manuel Camacho Solís. En el evento anunció un apoyo para los artistas: reducir 5% los impuestos, para quedar del 15 al 10% en los espectáculos públicos y artísticos de la ciudad de México.

Con Julio Alemán, Fela Fábregas, Manuel Camacho Solís y Manolo Fábregas.

***

En mi trabajo como diputada me enfoqué en la defensa de los derechos de los campesinos y de las mujeres, las reformas a la ley del Seguro Social, entre otras cuestiones. Nunca olvidaré mi *debut* en la Cámara de Diputados, fue el 11 de junio de 1992. Entre los aplausos de la mayoría del Pleno subí al pódium, nerviosísima de estar parada en la tribuna más importante de nuestro país. Te juro que estoy acostumbrada a platicar en público, pero esta primera vez, como te digo al inicio del libro, nunca se olvida, fue una experiencia preciosa y de gran responsabilidad. Tuve compañeros muy importantes, como Juan de Dios Castro, Diego Fernández de Cevallos, Gabriel Jiménez Lemus, Fernando Ortiz Arana, Ricardo Valero, Marcos Carrillo Armenta, Fauzi Hamdan Amad, Gustavo Carvajal

Moreno, Manuel Díaz Infante, Miguel González Avelar, Pedro Ojeda Paullada, Ernesto Herrish Díaz, Paloma Villaseñor, Manuel Jiménez Guzmán, Amado Treviño, Alejandro Encinas, Fernando Lerdo de Tejada, Javier Garduño Pérez, Manuel Monárrez, Fernando Espino Arévalo, Ramón Mota Sánchez, Agustín Basave Benítez, Alfredo Villegas Arreola y Felipe Calderón, entre otros. Fue una legislatura rica e increíble, llena de grandes personajes políticos. Durante este tiempo, Luis Donaldo Colosio fue presidente nacional del Partido Revolucionario Institucional, de 1988 a 1992; siempre me apoyó mucho durante mi campaña política e hizo lo mismo cuando fui electa en la Cámara. Era un extraordinario señor, no entiendo cómo pasó lo que pasó. Recuerdo su asesinato todavía con coraje y dolor, yo estaba en sesión cuando nos avisaron que lo habían matado; una situación horrorosa que marcó a México y a todos los

Con compañeros diputados del PRI y el entonces presidente de México, Carlos Salinas de Gortari.

Con Luz Lajous, Juan José Osorio y Luis Donaldo Colosio.

mexicanos. Ocurrió el 23 de marzo de 1994, en la colonia Lomas Tauri-
nas, de Tijuana. Al finalizar su discurso como candidato a la presidencia
de México por el PRI, Luis Donaldo caminaba entre la gente cuando recibió dos disparos, uno en la cabeza y otro en el abdomen. Fue un suceso
que cambió el rumbo político de nuestro país.

Participé en comisiones muy importantes, como la de turismo, cultura
y deportes, juventud y recreación, la Comisión del Distrito Federal, así
como en la de participación ciudadana. Y por si fuera poco, también fun-
gí como presidenta de la Comisión de Radio, Televisión y Cinematografía.

Siendo presidenta de esta comisión, conseguí una reforma muy importante dentro de la Ley de Cinematografía: logré que se modificara la
cláusula final, los legisladores la llamaron la "cláusula Pinal". Consistió en
agregar unas palabras que, para todos nosotros, los intérpretes, resultaban

fundamentales: "se protege la transmisión". De esta forma, logramos que se pagara por ese rubro, algo muy importante porque implicaba las repeticiones. Claro que a Pato no le gustó mucho... pero era justo, y a partir de ese momento quedó como ley. El derecho intelectual de los artistas es como el derecho a la libertad, inherente al ser humano, inalienable e irrenunciable.

Me gané el respeto de mis compañeros legisladores poco a poco, a través de mi desempeño y trabajo, no fue nada fácil; tristemente, muchos de ellos solo veían en mí a la artista. Enfrenté situaciones complicadas, recuerdo una en particular: el diputado René Bejarano me gritó en público cosas horribles que nada tenían que ver con la política y menos con mi trabajo; absurdamente, criticó mis pestañas postizas. Como toda una profesional que soy, en ese momento no le respondí, ya luego educadamente lo enfrenté… Pero antes te cuento que quien sí estuvo a punto de irse a los golpes contra Bejarano fue el diputado Miguel Ángel Yunes; subió a la tribuna a defenderme como todo un caballero, parecía león. Al salir, una vez que finalizó la sesión, lo enfrenté y le dije: "Mire, ya no tengo pestañas postizas, estas son mías, ¿ahora sí puedo ser buena política?" Bejarano no supo ni qué decir, fue la primera y última vez que se metió conmigo. Nunca falté al trabajo, siempre voté pensando en el bien común. Además seguía con mi carrera en teatro y televisión.

Luchaba por defender el derecho de intérprete, no me importaba contra quién me tocara pelear, simplemente lo hacía, lo mismo contra Cantoral (líder de la Sociedad de Autores y Compositores de Música) que contra Fernández Unsaín (presidente de la Sociedad General de Escritores de México). Fue tal mi desesperación por defenderlos, ya que las empresas no querían pagar lo que les correspondía a los intérpretes, que fui a ver a Emilio Azcárraga Milmo para exponerle la penosa situación en la que se encontraban muchísimos adultos mayores que habían trabajado en cine. Sus películas se seguían transmitiendo y ellos recibían cantidades irrisorias por las repeticiones. Emilio dijo que no podía hacer nada al respecto, él ya había pagado a los productores por estas y era a ellos a quienes les tocaba pagarlo. Definitivamente no pude convencerlo, pero, como siempre, fue un hombre generoso conmigo y me ofreció darme una

cantidad de dinero para que yo lo repartiera entre los intérpretes mayores que estaban necesitados. Me advirtió que el cheque saldría a mi nombre, este dinero no lo estaba regalando a la ANDI, era para que yo lo utilizara en beneficio de los viejitos. Un voto de confianza de Pato.

Y acepté, tenía en mente crear una fundación para ayudar a los adultos mayores, ya lo había tratado en la ANDI, pero los abogados de la asociación me lo prohibieron porque, según ellos, los estatutos no lo permitían, su única función era recaudar y pagar los derechos de los intérpretes. Al poco tiempo terminé mi gestión como presidenta de la ANDI (1995) dejando un superávit de 42 millones de pesos y me di a la tarea de crear mi propia fundación. Así fue como constituí la Asociación Rafael Banquells.

Con Fidel Velázquez.

Con Pedro Peñaloza.

En la Secretaría de Seguridad Pública.

Con Carlos Salinas de Gortari.

Con Manuel Jiménez Guzmán y Efi.

Con Julio Alemán y Fernando Ortiz Arana.

Con Carlos González Arriaga y Francisco Arroyo Vieyra.

ASOCIACIÓN
RAFAEL BANQUELLS

Como ya te conté, mientras ocupaba el puesto de presidenta de la ANDI y luchaba por conseguir mejoras laborales para todos los intérpretes, veía la situación en la que se encontraban muchos adultos mayores que al final de su vida estaban totalmente desamparados y con grandes carencias económicas. No era justo, habían trabajado duro, dedicaron su vida al arte y eran un orgullo para México. En verdad era necesario hacer algo por todos ellos.

Ya en la Asociación Nacional de Intérpretes había tratado de hacerlo, pero, como te dije, los estatutos prohibían la constitución de cualquier fundación que no estuviera directamente relacionada con la recaudación del trabajo. Cuando Pato me dio ese dinero para que lo utilizara a favor de las personas necesitadas, se me ocurrió constituir mi propia fundación.

La idea ya la tenía, también algo de dinero para arrancar y, sobre todo, las ganas de hacerlo, ahora solo necesitaba el nombre. A la mente me venían muchas opciones, grandes actores, actrices y directores con los que había trabajado y que al final de sus vidas atravesaron momentos precarios. Fue cuando se me ocurrió algo de lo que nunca me arrepentiré. Durante mi gestión al frente de la ANDI, Rafael trabajó sus últimos dos años de vida conmigo, en el departamento de finanzas. En algunas ocasiones platiqué con él sobre mi deseo de ayudar a los artistas, y de alguna forma compartió mi inquietud. Por eso, al constituir mi asociación recordé a Rafael, quien aparte de ser el padre de mi primera hija, fue bueno para la actuación y la dirección. Más que un homenaje, era un recordatorio a un hombre de mucha valía, así fue como decidí llamarla: Asociación Rafael Banquells, A. C.

Mi asociación, que tanto quiero y por la que sigo luchando, nació como una asociación civil en 1994, su principal propósito es apoyar y promover las bellas artes, otorgar becas para estudios superiores que se relacionen con actividades culturales y, sobre todo, dar apoyo a todas las personas mayores que lo requieran. Desde su fundación y hasta la fecha sigo siendo presidenta del consejo, trabajan conmigo Amparo Garrido, secretaria; Luis Gimeno, tesorero; Sergio Silva (q.e.p.d.), Antonio Medellín, Luis Couturier, Jorge Eduardo Murguía, Álvaro de Jesús López Castro, vocales. Actualmente reciben beneficios económicos cien afiliados y hemos tenido personas generosas que me han dado aportaciones económicas, tal como lo hizo Pato; entre ellos, Carlos Slim, Eugenio López y Rafael Herrerías.

Desde la constitución de esta asociación he realizado subastas, actuaciones especiales en teatros, circos, así como otras muchas actividades para conseguir dinero en pro de la fundación. Recuerdo con mucho cariño una subasta que se realizó en una tienda departamental en la que mostraron y vendieron algunos objetos que utilicé en mi juventud. Durante 10 días exhibieron más de 50 vestidos, seis abrigos y algunos de mis premios. Todo lo recaudado fue para mis viejitos.

Durante varios años hemos beneficiado con pensiones y apoyo a personajes muy importantes del ámbito cultural y artístico, entre ellos: Armando Calvo, Manuel Medel, Esperanza Issa, Chato Padilla, Esther Fernández, Bozo el Payaso, Amparo Montes, Alicia Montoya, Resortes, Paz Águila (del dueto Las hermanitas Águila), Alejandro Ciangherotti, Enrique Alonso, Judy Ponte, Vitola, Amparito Arozamena, Carlos Lico, Aldo Monti, Irma Dorantes, Nadia Haro Oliva, Ana Bertha Lepe, El Güero Castro, Columba Domínguez, Ninón Sevilla, Sara Montes, Wanda Seux, Javier Marc, Luis Gimeno, Lorenzo de Rodas, Pedro Weber *Chatanuga*, Chachita, Chóforo…

También a través de la asociación he logrado cosas que me encantan y me llenan de orgullo, como la creación de la escuela de ecología para niños en Milpa Alta, ubicada en el poblado de San Pablo Oztotepec, que

Con Yolanda Ciani, Luis Couturier, Rafael Banquells y Mario Casillas.

logré construir gracias a una donación que la Lotería Nacional me hizo a través de su director en turno, Emilio Gamboa Patrón.

Como parte de las actividades que desarrollamos en la asociación, también está la entrega anual del Premio Bravo a lo más destacado en música, cine, teatro, radio, televisión, doblaje y realización de comerciales. La primera entrega de esta presea se llevó a cabo en 1991, en el entonces Teatro Diego Rivera, cuando yo era presidenta de la ANDI, luego lo retomé para mi asociación el cual sigue vigente. El nombre del premio me lo sugirió el periodista Jaime Ortiz Pino (q.e.p.d.). Para decidir quiénes son los ganadores tengo un consejo calificador formado por periodistas de gran prestigio: Maxine Woodside, Jaime Ortiz Pino, Mario de la Reguera, Rocío Maldonado, Alfredo Gudinni y Enrique Rosado (q.e.p.d). A lo largo de los premios Bravo también han participado como jurado en diferentes años: Fernando Morales Ortiz, Talina Fernández, Gustavo Rivera, Yazmín Alessandrini, Rocío Villagarcía, Verónica Gallardo, Rafael Cardona, Rafael Amador Martínez, Luis Suárez del Solar, Leopoldo Meraz y Juan José Origel, entre otros.

Año tras año me entusiasma mucho la entrega de los premios, desde la primera gala me han acompañado gran cantidad de compañeros artistas que actúan y presentan su *show* durante la premiación. Hace unos años se me ocurrió crear, como agradecimiento a la generosidad y gran amistad que siempre nos unió, el premio "Emilio Azcárraga Milmo", a la excelencia profesional en los campos científico, artístico y cultural; se entrega una escultura original creada por Oscar Ponzanelli. Algunas de las personalidades reconocidas con el premio han sido: Griselda Álvarez, Luis de Llano Palmer, José Sulaimán, Jacobo Zabludovsky, Carlos Fuentes, Roberto Gómez Bolaños *Chespirito*, Pedro Ferriz Santa Cruz, Pedro Ramírez Vázquez, Eugenio López, Rodolfo Neri Vela, Juan Ramón de la Fuente, Fernando Landeros, María Cristina García Cepeda, Javier López Rodríguez *Chabelo* y Rafael Tovar y de Teresa.

DE LA ASAMBLEA AL SENADO

Una vez finalizado mi periodo como Diputada Federal por el PRI en la LV Legislatura (1994) me pidieron que fuera asambleísta por el mismo distrito y acepté feliz. Inicié campaña, ¿y qué crees?, otra vez me tocó enfrentarme a Pedro Peñaloza, del PRD, a quien apoyaba mucho el entonces delegado de Coyoacán, el tabasqueño Carlos Pérez Cámara, y ahora frente a un nuevo contrincante por parte del PAN, Carlos Abascal. Fue una campaña complicada, ya que en ese momento el PRD estaba tomando mucha fuerza en el Distrito Federal. Me enfrenté a situaciones difíciles; lo mismo pintaban las bardas en donde estaba mi publicidad electoral con mentiras y cosas horribles, que me saboteaban las plazas en las que me iba a presentar.

Visité edificios, mercados, casas, plazas, oficinas… Estuve en todas las colonias que quería representar, fue una etapa intensa y agotadora, no paré un solo momento y mi distrito, como ya te había dicho, era uno de los más grandes del DF. Pero yo quería seguir ayudando a la gente y a mi país, tenía que dar mi máximo esfuerzo para ganar el puesto de asambleísta. Y a la par de que estaba en campaña, trabajaba en la puesta en escena de *¿Qué tal, Dolly?* Había tardes en las que llegaba al teatro y no podía más, así que se me ocurrió la idea de comprar un pequeño tanque de oxígeno que llevé a mi camerino para ayudarme durante las funciones o en los momentos en que el cansancio se apoderaba de mí, pero la verdad es que al final lo usé muy poco.

Todo ese esfuerzo valió la pena, volví a ganar por muchos votos de diferencia. Fui electa para la Asamblea de Representantes del Distrito Federal por un periodo de tres años. Fue el segundo y último periodo de esta asamblea, el primero en 1988 y el segundo en 1994, dentro del que fui electa, al que se llamó Primera Legislatura del DF. Unos años después (1996), y gracias a una reforma al artículo 122 de la Constitución, se convirtió en la Asamblea Legislativa del Distrito Federal, y desde ese momento a los que éramos representantes se nos denominó diputados.

Toma de protesta como asambleísta, I Legislatura.

Fue un hecho importantísimo e histórico para nuestra ciudad, antes de esta reforma los asambleístas no podíamos legislar con las leyes del DF, no existían, todo se legislaba con las federales. Me tocó hacer y participar en la elaboración de todas las leyes para el Distrito Federal. Recuerdo con especial cariño las de Establecimientos Mercantiles, Turismo y la Ley de Espectáculos y Deportes del Distrito Federal. Qué orgulloso se hubiera puesto papá Pinal de verme trabajando de esa forma por el bien de nuestro país y constatar que la niña que decidió amar como propia, ahora convertida en toda una mujer, ocupaba una curul dentro de la Cámara y

Con compañeros asambleístas.

daba su mayor esfuerzo para el crecimiento de México, siguiendo en gran medida el ejemplo que él siempre me dio.

Como presidenta de la Comisión de Turismo, intervine en la elaboración de la Ley de Espectáculos y Deporte del Distrito Federal. Julio Alemán, que durante el mismo periodo también era asambleísta por otro distrito y me ayudó para la elaboración de la ley; en verdad que Julio fue una persona que trabajaba bien y mucho. En mi labor como líder de esta comisión ayudé al fomento turístico de cada delegación, desarrollando, entre otras muchas cosas, los atractivos turísticos del DF para mostrar todo lo bonito que cada delegación tenía dentro de sus territorios. Siempre he amado a México, pero a través de este trabajo descubrí y redescubrí muchísimas cosas y lugares fantásticos que tenemos. Cuanto más veía y conocía, más orgullosa me sentía de haber nacido y vivir en este país al que tanto amo.

A lo largo de toda mi campaña y etapa política estuvo, y sigue conmigo, María Efigenia Ramos "Efi". En 1988, cuando estaba por entrar a la ANDI, le pedí a Tulio que me ayudara a escoger una persona que me apoyara con mis asuntos, alguien que supiera de política. No dudó en decirme que Efi era la persona correcta, trabajaba con él en el PRI y conocía de política. Efi me acompañó en las campañas y estuvo a mi lado en la

Con Efi.

Con Óscar Espinosa Villarreal, el entonces presidente Ernesto Zedillo Ponce de León y Jorge Gabino Ambriz.

Cámara. Nunca olvidaré la cara que puso cuando después de que fui electa asambleísta, me vio acercarme a Pedro Peñaloza, mi contrincante en las dos elecciones, para darle la mano y decirle que ya que éramos compañeros dejáramos a un lado las diferencias políticas y trabajáramos en beneficio de la ciudad… La pobre Efi solo me decía: "Señora, qué barbara es usted, la mejor política, cómo pudo hacer eso…" Y a partir de ese momento, Pedro también me quiso mucho; logramos limar cualquier rencilla política, hasta me pedía ayuda para que lo apoyara en algunos de sus proyectos.

Y ya me conoces, siempre soy yo quien se atreve a hablar de temas difíciles, esos de los que nadie más pone sobre la mesa; estaba segura de que la operación de los casinos sería para nuestro país gran promotor turístico, tal como pasa en Mónaco. Por supuesto que mi interés no era personal, pensaba en los beneficios para México; a mí nadie me ofreció nada; es más, ni conozco a los dueños de los casinos.

Éramos muchos los asambleístas, y las oficinas que teníamos eran muy pequeñas, en verdad que no cabíamos, así que un día se me ocurrió pedirle al entonces Jefe de Gobierno del Distrito Federal, Óscar Espinosa Villarreal, un lugar donde pudiéramos estar más cómodos y atender dignamente a todas las personas que representábamos. Yo estaba segura de que el licenciado Espinosa me iba a apoyar, pero nunca imaginé que nos

Con compañeras asambleístas pluripartidistas
y el presidente de México.

fuera a dar el edificio que antiguamente ocupaba DICONSA, un inmueble precioso en el corazón de la ciudad de México, frente a Palacio Nacional. Las oficinas quedaron padrísimas, teníamos vista al Zócalo y desde ese momento se instaló ahí la Asamblea de Representantes. Actualmente siguen siendo las oficinas.

Como asambleísta siempre tuve presente algo: la gente había votado por mí, había acudido a sus casas y lugares de trabajo a pedir su voto, así que no podía olvidarme de eso. Ocupaba un puesto de elección gracias a su confianza, y debía procurarla y mantenerla luchando a favor de ellos. Recibía muchísimas demandas de la comunidad del Distrito XXVII, incluso también de otros distritos, entre las que principalmente figuraban la falta de empleo, vivienda, la regularización de la tenencia de la tierra, así como muchas de seguridad pública, y mi labor fue también la de tratar de resolver todas ellas de la manera más rápida.

***

Una vez que finalicé mi periodo como asambleísta me nombraron senadora suplente de Esteban Moctezuma, por parte del PRI. Un año más tarde a Esteban lo nombraron Secretario de Desarrollo Social (1998), y yo me quedé en su lugar como senadora. Durante mi gestión promoví reformas a la Ley de Cinematografía, con las que se creó el Fondo de Inversión y de Estímulos al Cine (Fidecine), cuyo principal propósito fue impulsar a la industria mexicana a través de apoyos gubernamentales. También participé mucho en la Ley de Derechos de Autor, y como ya te podrás imaginar, estuve metida en casi todas las comisiones.

Cómo disfruté mi trabajo como senadora, fue una época muy bonita, en casa todos estaban orgullosísimos de mí, sobre todo mi mamá, que hasta me acompañó a tomar protesta. Los discursos eran fabulosos, aprendí muchísimo escuchando a mis compañeros. Trabajar al lado de Fernando Ortiz Arana, Beatriz Paredes y María de los Ángeles Moreno, entre otras muchas personas preparadas, inteligentes y con toda una carrera política, me llena de orgullo.

Me sentía feliz en el Senado, ¡y qué crees!, pensé que terminaría el periodo por el que habíamos sido electos, pero en 1999 se le ocurrió a Esteban Moctezuma renunciar a la secretaría para convertirse en el coordinador general de la campaña presidencial de Francisco Labastida. No sé lo que pasó, pero el año 2000 fue histórico, después de gobernar el país durante más de 70 años el PRI perdió las elecciones; subió al poder el Partido Acción Nacional y se convirtió en presidente Vicente Fox Quesada. Tras la renuncia de Esteban como secretario, volvió a ocupar su cargo como senador, y yo como suplente, tuve que dejar la curul.

Tomando protesta como senadora.

Con senadores.

Con senadoras.

***

Para finales del siglo pasado, Tulio y yo firmamos el divorcio. Nunca hubiera imaginado lo que el destino me deparaba; sin saberlo, me embarcaba en una nueva y peligrosa etapa de mi vida... Habiendo dejado el Senado y ya sin tener fuero político, como dicen en el argot político: "me soltaron al perro…" Ya te contaré más adelante todo lo que pasó.

Con Cristian Castro en *Mame*.

SIGUEN LOS MUSICALES
¿QUE MANOLO TIENE TEATRO?
¡PUES YO TAMBIÉN!

Cuando montamos *Ring, ring… llama el amor,* la primera comedia musical que se produjo en México, el género era absolutamente desconocido. Todo mundo decía que era una revista musical pero con historia. Nada más alejado de la realidad. Y aquí, con todo respeto, cito a don Armando de María y Campos:

> "¡Bienvenida la revista! No importa que ahora se le llame comedia musical. A la gran revista española, que apareció a finales de la década de los diez y que todavía lució mucho —¡música, luz y alegría!— hasta la mitad de los treinta, se le injertó un pequeño argumento cuando la opereta vienesa empezaba a convertirse en revista al estilo de las de París, y todo quedó en... ¡revista músical! ¡Qué importa el nombre si es el mismo espectáculo feérico, luminoso, frívolo, pródigo en mujeres y en ingenios, con mucho de lo de ayer y más, mucho más de hoy! ¡Bienvenida, Silvia Pinal, quien para lucir, brillar y triunfar en este género, lo tiene todo...!"

Pues sí, docto en la materia, el maestro De María y Campos solo nos cuenta una pequeña parte de lo que terminó por ser un género consolidado y de gran peso en México, aunque ya lo era en Estados Unidos. La revista musical es un género que contiene música, baile y *sketches,* que como cuadros van formando un espectáculo. Sin embargo, la comedia musical, un subgénero de la ópera, lleva una historia que se cuenta a través del canto y el baile.

Volviendo a la crítica que hizo el maestro Armando de María y Campos sobre mi primera comedia musical, continúa:

"Silvia Pinal hace de ingenua —como actriz— y logra animar un personaje sencillo y lleno de simpatía: luego canta ¡de verdad!, y baila ¡de verdad!, y se alza, en fin, con el éxito deslumbrante como actriz, bailarina y cancionista. En realidad: de súper *vedette*. Bienvenida la gran artista e intérprete frívola de todas las Américas y España. No hay en el mundo actual que aún cree en Jesucristo y habla español otra *vedette* como Silvia Pinal..."

Pues ahí sí me cayó bien la crítica, para qué negarlo, pero ni siquiera un crítico tan versado podía imaginar en lo que este género se convertiría. Claro que estamos hablando de 1957.

De *Ring, ring... llama el amor* te conté antes, pero mi historia con los musicales no es para nada breve. Verás:

Manolo Fábregas, mi gran amigo de toda la vida, inaugura en 1965 el Teatro Manolo Fábregas, antes Nuevo Teatro Ideal, ubicado en la calle Serapio Rendón, con la obra *Cualquier miércoles*, que encabezábamos don Fernando Soler, Marilú Elizaga, Manolo y yo. En 1977, él mismo inaugura el Teatro San Rafael y se convierte, con justa razón, en "El señor teatro"…

¿Y yo?, pues me propuse ser la señora de los musicales, y claro, tenía que hacerlo a lo grande como Manolo, con dos teatros. En 1964 en el Teatro Insurgentes montamos *Irma, la dulce*, con Julio Alemán, Rogelio Guerra y el Flaco Guzmán; yo era la única mujer en escena. La dirección, que estuvo magistral, fue de Enrique Rambal, y

Con Pancho Córdova, Julio Alemán y Paco Malgesto.

la música de André Previn. Debido al éxito del montaje, muy a lo Broadway, grabamos un disco con las canciones de la obra.

Unos años después, en 1972, también en el Teatro Insurgentes, vino *Mame*, de Jerry Herman, dirigida por mi *teacher* José Luis Ibáñez, a quien conocí unos años antes, cuando estaban por estrenar el Teatro Jiménez Rueda; yo estaba haciendo los *Diálogos de Salvador Novo*, y él dirigía un clásico de Juan Ruiz de Alarcón. Desde ese día nos propusimos trabajar juntos y lo conseguimos unos años después, con *Mame*. En una de las funciones hubo un temblor horrible, y para nuestra sorpresa, ¿qué crees?, el público ni lo sintió... de esa talla era el trabajo que realizábamos. Nos ganamos todos los premios de críticos de teatro de ese año y de los siguientes.

Con Gustavo Rojo.

Con Kena Moreno.

Con María Rivas.

Con la primera puesta de *Mame* estuvimos más de nueve meses en cartelera, algunos de los actores y actrices que participaron en la obra conmigo fueron: Marquesita Radel, Guillermo Murray, Rogelio Guerra, Fernando Allende, Raymundo Capetillo, Fernando Balzaretti, Virma González y Evangelina Elizondo. Esta obra la repuse varias veces con distintos elencos y en diferentes teatros; creo que hasta ahora soy la única actriz que ha durado tanto tiempo haciendo la misma obra, más de 17 años. El papel que interpretaba me encantaba, realmente me iba muy bien, lo más curioso es que empecé a hacerlo a una edad muy joven, y cuando monté la última temporada, ya estaba en la edad que realmente debía tener la tía *Mame*.

En 1976 estrenamos en el Teatro Hidalgo, bajo la dirección de José Luis Ibáñez, *Annie es un tiro*, con Manuel López Ochoa, que desde ese tiempo era muy guapo y siguió así hasta que murió; Eugenia Avendaño, Guillermo Rivas, Manuel Gurría y Benny Ibarra. En esta obra debutó mi hija Viridiana, con el personaje de mi hermanita, y yo estaba en el papel estelar de Annie, una vaquera muy original y simpática. De este musical salió el gran éxito *There's No Business Like Show Business*, de Irving Berlin, y, claro, grabamos un disco con todas las canciones de la obra.

Con Alejandra.

Con Alejandra y Eduardo Palomo en *Mame*.

¡EL TEATRO
SILVIA PINAL!

Mil novecientos ochenta y ocho, al fin mi propio teatro, "Silvia Pinal". Lo compré junto con Margarita López Portillo, a quien se lo ofrecieron muy barato porque era un cine viejo y sin futuro, era el Cine Estadio, ubicado en la calle Yucatán, en la colonia Roma. Margarita me lo ofreció en sociedad y lo echamos a andar. De ser un lugar viejo, lleno de basura y en el olvido, lo remodelamos y le invertimos todo nuestro esfuerzo y dinero para que fuera el mejor de México. Lo dejamos precioso, fue un teatro espectacular, con lo último de la tecnología y con espacio para 1,200 personas.

Lo inauguramos con la obra *Mame*, que produje y en la que, por supuesto, actué. En esa temporada estuvieron conmigo mi hija Alejandra, Gustavo Rojo, María Rivas, Aída Pierce, Virma González, Luis Couturier, Eduardo Palomo, Tachito y Cristian Castro, que era un nenito de 10 años; también mi nieta Stephanie, que sustituyó a mi hija Ale, haciendo el personaje de la novia de Patrick. La coreografía estuvo a cargo del maestro Martin Allen, la escenografía fue de David Antón, en la dirección musical Jorge Neri y la dirección siempre a cargo de mi *teachear* José Luis Ibáñez.

Con Cristian Castro.

Con María Rivas.

Con Guillermo Murray.

Mientras estábamos en plena temporada me enteré por un comentario de una costurera de que iba a ser bisabuela. Te cuento. Una de las modistas me dijo que tenían que hacerle un nuevo vestuario a Stephanie, ya que no entraba en el que tenía y ya no había de dónde sacarle más tela a la ropa. Total que yo me quedé con la mosca detrás de la oreja, y un día que ella estaba en mi cuarto se acercó para contestar el teléfono, le puse la mano sobre el vientre y me di cuenta de su pancita. Le pregunté en ese momento que por qué no me había dicho que estaba esperando un bebé, si de sobra sabía que siempre contaba conmigo...

Con Stephanie.

Al final, su historia era muy parecida a la de mi mamá y a la de su hija; es decir, a la mía. Me encantó la idea de ser bisabuela, pero más me encantó saber que Luis Miguel era el padre de la niña, sería preciosa. Y no me equivoqué, Michelle nació en 1989 y hoy es una mujer hermosa. Casi 10 años después vendría mi segunda bisnieta, Luz Camila, hija de Stephanie y Pablo Valero.

Con Silvita, Stephanie, mi mamá y Michelle.

Con Stephanie y Michelle.

Con Michelle.

En el bautizo de Michelle.

Con Michelle, Stephanie y Silvita.

Con Camila, Stephanie y Sherza.

Con Michelle.

Con Michelle.

En 1991 trabajé también en mi teatro en la obra *Vamos a contar mentiras*, un clásico de la comedia de Alfonso Paso, bajo la dirección del maestro José Solé. Con Ari Telch y Guillermo Orea. Interpretaba a Julia, una mujer a quien le pasaba lo mismo que en la historia "Pedro y el lobo": la única vez que decía la verdad nadie le creía. La puesta en escena resultó un vodevil muy entretenido, una obra deliciosa en la que me divertí a lo grande.

Dos años después, en 1993, monté como productora en mi teatro la obra *La jaula de las locas* (*La Cage aux Folles*), de Harvey Fierstein; fue la primera vez que produje teatro sin que yo actuara. La dirección estuvo a cargo del maestro José Luis Ibáñez y la escenografía fue realizada por David Antón. El montaje duró un año en cartelera y obtuvo más de 12 premios. El elenco estuvo de primera: Javier Díaz Dueñas, que estaba sensacional en el personaje; Gustavo Rojo, Luis Gatica, Luis Gimeno, Liza Willer, Eduardo Palomo, entre otros. Tenía unos números musicales increíbles, el vestuario y los bailarines eran espectaculares, había un número de cancán que te dejaba con la boca abierta.

Esta puesta en escena atrajo la atención de los medios de comunicación, tocaba un tema que lamentablemente para parte de la sociedad mexicana seguía siendo tabú, la comunidad homosexual era tontamente condenada y en ocasiones las consecuencias eran lamentables. Recuerdo en particular una nota periodística publicada en el periódico *Unomásuno,* de Víctor Ronquillo:

"Mientras en el Teatro Silvia Pinal el público ríe, goza, se conmueve, se solidariza y aplaude las peripecias de un travesti y su pareja homosexual, cuyo "hijo" se les casa y los obliga a aparentar un matrimonio normal, en Chiapas asciende a trece el número de travestis y homosexuales asesinados este año".

Con Luis Gimeno y Gustavo Rojo develando la placa de *La jaula de la locas.*

Gracias a Dios hoy la situación ha cambiado y como sociedad somos más respetuosos con las preferencias de los demás. Ojalá que este montaje haya ayudado a romper esas estúpidas barreras que solo nos perjudican y nos lastiman. Aprendamos a respetar.

¿Qué tal, Dolly? (1994), de nuevo en mi Teatro Silvia Pinal. La comedia está basada en la obra *La Casamentera,* de Thorton Wilder. Protagonicé la puesta al lado de don Ignacio López Tarso, quien debutó con esta obra en teatro musical. Cuando lo llamé para invitarlo, me dijo: "Claro que quiero trabajar en teatro, aunque sea en una comedia musical", en ese

Con Ignacio López Tarso.

Con Ignacio López Tarso.

Con Manolo Fábregas y Libertad Lamarque en *¿Qué tal Dolly?*

momento lo quería matar y solo pude responderle: "Cómo me dice usted eso, don Nacho, si el teatro musical es el mejor del mundo". Y finalmente, qué buen papel hizo. Nunca olvidaré sus morcillas... Llegaba al teatro con una buena dotación y las comía entre funciones con singular alegría.

Gypsy (1998), 10 años despúes volvimos a trabajar juntas mi hija Alejandra y yo en un escenario; como ya te conté, ella había participado antes en *Mame*. Esta nueva obra fue un musical diferente de todo lo que había hecho antes, nuestros papeles eran difíciles. La relación entre la madre e hija protagonistas de la obra era dura, en algunos momentos llegaba hasta a ser cruel, pero al mismo tiempo era muy humana, fueron personajes muy fuertes. Ale realizaba en la obra una rutina de *striptease* sensacional, al final quedaba tapada solamente por un enorme sombrero de plumas. La escenografía de David Antón era espectacular, fue un gran montaje.

Gypsy nos unió mucho a Ale y a mí, ella pasaba por una etapa muy difícil en su vida, el trabajo la ayudó, como a mí en muchas ocasiones, a superar el dolor y salir adelante. Alejandra estuvo casi todo un año conmigo en la obra, pero por compromisos de trabajo que ya tenía pactados tuvo que salir; entró Irán Castillo, quien también hizo un gran papel. La obra fue adaptada al español por José Luis Ibáñez y la dirección estuvo a cargo de Enrique Reyes. Nuevamente volví a conseguir otro éxito, *Gypsy* recibió grandes reconocimientos.

Fue la última obra (1998-1999) que puse en mi querido teatro ubicado en la calle Yucatán. Ya te contaré más adelante lo que pasó con él y cómo me vi obligada a venderlo, hoy me arrepiento, pero donde hay vida existen esperanzas...

Con Claudia Islas, Marga López y Gonzalo Vega.

EL CENTRO CULTURAL
DIEGO RIVERA
YA ESTAMOS A MANO,
MANOLO

Diego Rivera fue en mi vida un nombre emblemático, cercano y muy familiar. El gran conquistador que te conté, el "Sapo-rana", como él se hacía llamar, me regalaba dibujos preciosos y notas bellísimas, casi de amor, y me realizó ese retrato espectacular que está colgado en mi casa y que cada día que lo veo me gusta más. Es, por supuesto, el gran artista, un pilar de la pintura y un hombre que marcó toda una época en nuestro país y el mundo. Por eso y por la amistad que nos unió hasta su muerte decidí nombrar a mi segundo teatro Centro Cultural Diego Rivera, como un homenaje pequeño y póstumo para un gran hombre, a quien admiré como uno de los más grandes.

El espacio era propiedad de la Sección de Técnicos y Manuales del Sindicato de Trabajadores de la Producción Cinematográfica (STPC) y era utilizado como el Cine Versalles, por estar ubicado en la calle con ese nombre. Yo iba mucho a las funciones, proyectaban unas películas francesas preciosas. Un día me llamó la persona que estaba al frente del sindicato y me comentó que estaban por venderlo, claro que fui a verlo y me animé a comprarlo. También me enteré de que en un principio el foro había sido un teatro, no había funcionado y por esa razón lo utilizaban como sala cinematográfica. A la hora de rascar y romper paredes para remodelar el espacio nos encontramos con el antiguo teatro; había un escenario, una bodega grandísima, fue una gran sorpresa encontrar todo aquello.

Con Carlos Salinas de Gortari.

El Centro Cultural Diego Rivera fue inaugurado el 1 de abril de 1991, por el entonces presidente de la República Mexicana, Carlos Salinas de Gortari. Lo conforman un edificio de cuatro pisos, con un teatro de 700 localidades y un escenario tipo italiano, divino; también en el cuarto piso cuenta con otro foro independiente para cien personas. Lo estrené con la obra *Leticia y Amoricia*, de Peter Shaffer, con la dirección de mi *teacher* José Luis Ibáñez. Compartía escena con María Teresa Rivas, fue una puesta sensacional.

Casi 20 años después regresé al escenario del Diego Rivera con la obra *Adorables enemigas*, una comedia deliciosa de James Kirkwood, bajo la dirección de Jaime Matarredona. Esta obra la montaron años antes (1992) Carmen Montejo y Marga López. Tiempo después me propusieron realizarla junto a Marga, pero no pudimos hacerla ya que ella se puso muy enferma. Y en 2008 la estelaricé primero junto a Adriana Roel, luego con Norma Lazareno y finalmente con Irma Lozano (ellas alternaron el papel), Carlos Ignacio y Gloria Izaguirre. Uno de los recuerdos más entrañables que tengo de este montaje es que para develar la placa de las 200 representaciones fueron dos grandes de la actuación, pero sobre todo queridos amigos: Joaquín Cordero y Carmen Montejo, a quienes hoy echo mucho de menos.

Durante todos estos años en el Centro Cultural Diego Rivera se han realizado temporadas de teatro por parte de compañías profesionales y *amateur*. También el espacio se ha utilizado para talleres y clases, por mucho tiempo estuvo la escuela de actuación del maestro Correa. Pero los tiempos cambian y el teatro necesitaba una remodelación total, así que a principios de 2014 se me ocurrió una idea para hacer de este centro un espacio maravilloso…

En *Adorables enemigas*.

A NADIE
SE LO DESEARÍA…
MI OBLIGADA
ESTANCIA EN
ESTADOS UNIDOS

Mil novecientos ochenta y nueve comenzó para mí con un cargo que no vi para nada complicado después de haber estado tantos años en la política; me sentí feliz por servir nuevamente a los demás. Al final qué equivocada estuve en eso de que sería un puesto en el que podría ayudar sin meterme en problemas. Acepté el nombramiento como presidenta del Consejo Directivo de PROTEA la asociación que reunía a los productores de teatro, concluido el periodo, fui reelecta para el mismo cargo. Mi labor era, entre otros asuntos, la gestión, administración y, de nuevo, la protección de los intereses de los empresarios teatrales. Lo vi muy fácil… Amo el teatro, soy empresaria y conozco a la perfección cómo se maneja todo lo relacionado con el mundo teatral.

Y lo fue, o al menos eso era lo que yo pensaba, hasta que recibí una notificación. Estaba demandada por el secretario de Seguridad Pública del DF, Alejandro Gertz Manero, por un supuesto fraude de nueve millones quinientos noventa y un mil pesos en perjuicio de la Asociación Nacional de Productores de Teatro (PROTEA), entre quienes la constituyeron en 1970 figuraba su nombre. Al principio no me preocupé, mis manos estaban limpias y mi conciencia absolutamente tranquila; tenía un abogado a cargo de mi caso y creí que todo se aclararía, pero no fue así… Un día recibí una llamada: "Tienes que esconderte, salir del país". "¿Yo?, ¿por qué?", contesté. "Hay una orden de aprehensión en tu contra". "Pero soy inocente, ¿cómo me voy a ir?"

"Si no te vas, irán por ti y no podré hacer nada para evitar que te encarcelen".

Colgué y en ese momento llamé a mi abogado para conocer la situación, me confirmó que el Juzgado 47 de lo Penal, tras un largo proceso judicial, había girado una orden de aprehensión en mi contra y de otras personas por el delito de fraude.

En ese momento no sabía qué hacer, estaba aterrada y a la par sentía un gran dolor, una humillación terrible. Era la primera vez en mi vida que no podía controlar una situación y, lo peor, no encontraba una salida.

Me habían distinguido con el reconocimiento Mr. Amigo (1999), me sentía muy orgullosa de recibir ese nombramiento, pero tenía pánico de salir de mi hogar y que me aprehendieran. Así que al vapor organicé que la ceremonia se hiciera en mi casa, armé una pequeña fiesta y tras la entrega del título tomé mis maletas y a escondidas casi de todos salí de madrugada en la cajuela de un coche.

Cómo era posible que siendo completamente inocente de todo lo que me acusaban tenía que abandonar como una delincuente mi país

Recibiendo el reconocimiento Mr. Amigo.

que tanto amo y que durante toda mi vida siempre me ha dado cosas maravillosas.

Me dio pánico salir por el Aeropuerto Internacional de la Ciudad de México, así que para evitar que me arrestaran me fui esa madrugada en coche hacia Acapulco, Guerrero. Estuve dos días en el puerto y el 9 de diciembre de 1999, Alejandra, mi hija, me llevó al aeropuerto de esa ciudad para tomar un vuelo privado hacia Florida. Al despedirnos, me dio las llaves de su departamento, de su auto y un cheque en blanco. Yo estaba desesperada, no entendía el porqué. A la fecha es algo que sigo preguntándome, por qué esa cacería, mis manos estaban limpias y alguien quería que yo pagara por un delito que nunca cometí.

Estuve unos días en Miami, donde acudí a un programa de Don Francisco. Gracias a Dios encontré en esa ciudad a mi amiga Mónica Marbán quien durante algunos días estuvo conmigo y me acompañó haciendo más llevadera mi estancia. Tras cumplir con mi presentación en el programa de televisión, volé a Valencia, España, al festival de cine donde me hicieron un homenaje y, a la par, era jurado; meses atrás me habían invitado, y no podía dejarlos plantados. Mi amiga Gloria Cantón me alcanzó en el festival, estuvimos cerca de 12 días en España y a mi regreso tuve que volver sola a Estados Unidos y quedarme en el departamento de Alejandra en Miami.

Con productores de Miami.

Con Gloria, Teresita Corona, Daniela Romo y Cristina Saralegui.

* * *

El tiempo transcurría y yo seguía sola en Estados Unidos. Algunas amigas fueron a pasar unos días conmigo, pero tampoco pudieron permanecer todo el tiempo a mi lado, tenían sus compromisos en México. Entre ellas, Gloria, Elsy Jiménez (la Polla), Elvira Palomera, Mónica Marbán, Maru Mandujano, Maricarmen Moreno, Laura Peralta, Tina Galindo y Daniela Romo, quienes me ayudaron en todo lo que pudieron. Vi poco a mis hijos. Nunca tendré cómo pagarle a mi hija Alejandra todo su apoyo, eso me hizo no sentirme tan desamparada. Tuve que empezar desde cero en Miami, desde saber dónde estaba la farmacia, el supermercado, la gasolinera, conocer las calles para no perderme de regreso al departamento.

La situación en México avanzaba. Por un lado, la orden de aprehensión en mi contra permanecía, ya hasta existía el rumor de que la Interpol me estaba buscando, y por el otro, continuaban las muestras de apoyo de mi público y mis compañeros. Me enteré de unas cartas que más de 200 actores y 50 promotores de teatro mandaron a la opinión pública, en las que me brindaban toda su confianza y solidaridad.

A pesar de estar refugiada en Estados Unidos, continué trabajando gracias al equipo de mi programa *Mujer, casos de la vida real* y a Televisa, que puso todo a mi disposición para que a través de faxes trabajara en la corrección de los libretos y en la selección del reparto de mi programa. También pusieron a mi disposición a un grupo de técnicos para las grabaciones de las entradas y salidas de *Mujer…* y permanecer vigente, pero sobre todo mantenerme ocupada.

Pero mi salida del país tuvo más repercusiones de las que imaginé, perdí mi teatro. Estar lejos me impidió seguir al frente del Silvia Pinal; mi socia, Margarita López Portillo, estaba en otros asuntos y encargó a sus nietos que se hicieran cargo del teatro. Sin avisarme ni notificarme nada decidieron vender sus acciones a un centro religioso, y yo, al estar lejos, no pude hacer nada, me vi obligada a vender las mías. La presión era tal que hasta fueron a buscarme a Miami para cerrar la venta; imagínate, hasta en abonos me pagaron y tardaron un año en finiquitarlo. No se vale… ¡perdí mi adorado Teatro Silvia Pinal!

Después de 10 meses de permanecer fuera llegó un abogadazo a visitarme, de esos muy buenos, y me dijo: "Con tantos dólares que me entregue, regresa usted en una semana a México". Caray, es mucha lana, pero si regreso en ocho días, ya veré cómo reponerla... Me quedé dándole vueltas al asunto; si llevo 10 meses fuera, es porque quiero demostrar mi inocencia y regresar con mi nombre limpio, así que le di las gracias. Esperaría el tiempo necesario, creo en la justicia, en mi inocencia, pero sobre todo en Dios.

Días más tarde viajé a Nueva York para recibir un homenaje. Me alcanzó en la Gran Manzana mi amiga Gloria Cantón y su nuera Denisse Bermúdez. Cuando íbamos saliendo del acto rumbo al hotel, recibí una llamada del licenciado Rosales, el abogado que llevaba mi caso, para informarme que había sido absuelta de todos los cargos y que ya podía regresar a México. Al fin era libre y se había hecho justicia. Lloraba y reía de felicidad, nos olvidamos de ir al hotel y, emocionadas, nos fuimos las tres a celebrar con unos martinis al Rockefeller Center. El teléfono de Gloria no paraba de sonar, toda la prensa hablaba del caso y me buscaban para dar declaraciones… Ahora sí, a preparar maletas y regresar a mi querido país, a mi vida y a estar con los míos.

Con Itatí Zucchi, Roberto Cantoral, Denisse Bermúdez, Gloria, Itatí Cantoral y Eduardo Santamarina.

Con Denisse Bermúdez, Gloria, Itatí Cantoral, Eduardo Santamarina, Roberto Cantoral e Itatí Zucchi.

Con Gloria, Daniela Leites y Denisse Bermúdez.

Mi llegada fue de película, todos estaban ahí: mis hijos, mis amigos y un mariachi que no paraba de tocar. Creo que la prensa entera se dio cita en el aeropuerto, salir del lugar fue un triunfo; entre reporteros y mi público, que me aplaudía, no lográbamos pasar. Estaba feliz y conmovida al ver tantas muestras de amor.

Del aeropuerto a mi casa. Era algo de lo que más anhelaba, regresar a mi hogar; a la entrada, como siempre, mi Rivera me aguardaba. No podía creerlo, era libre y nuevamente podía disfrutar de mi vida en México. La familia y los amigos me convencieron de ir a cenar y celebrar. Fue precioso, yo lloraba de alegría y los cuates me llenaron de tequila.

Mientras festejaba, mi amigo de muchos años, Joaquín López-Doriga, titular del noticiero principal de Televisa, me llamó para invitarme a su programa. "¡No!", le dije, "cómo crees, estoy muy cuete". "Pues tómate tres cafés y vienes, aquí te espero". Y ahí me tienes tomando café para bajarme el cuete y poder ir al programa de televisión.

Y como ya sabía lo que iba a pasar desde un principio, regresé con la frente en alto y con mi nombre intachable.

EL RECUERDO DE MAMÁ

Volví a disfrutar de mi casa, de la cercanía del amor de mis hijos, de mis nietas y bisnietas, de mis amigos... Todos los días salía de casa, quería viajar por toda mi ciudad, comer todas las cosas ricas que en México tenemos y hacemos, recrearme con los colores mágicos de las flores y frutas, ver los amaneceres y atardeceres, sentir el calor y apoyo de la gente, mi público, al que tanto debo y siempre llevo en mi corazón. Regresar al puerto de Acapulco, de donde tuve que salir escondida hacia Estados Unidos... Ahora sí podía estar en paz; salir huyendo de México y vivir perseguida casi exiliada, como lo llamo, fue horrible. Fue una experiencia que no le deseo a nadie, pero regresar y constatar todo lo que aquí tenía me hizo feliz.

Algo que siempre agradeceré a Dios es que mi mamá no presenció esta historia, murió un año antes de mi exilio. Como hija, no hubiera soportado verla en medio de esta

situación, sufriendo por mí y angustiada pensando en que podía acabar en la cárcel. Me dolió muchísimo su muerte y su ausencia, mientras estuve refugiada en Miami, Florida, tenía fuertes sentimientos encontrados. Por un lado, constantemente agradecía saber que ella no estaba sufriendo por todo lo que me estaba pasando, pero por el otro, la necesitaba... un abrazo, unas palabras suyas, un simple beso, me hubieran tranquilizado y dado ánimos para seguir adelante. De alguna forma, el recuerdo de ella, de nuestras risas, de su ejemplo, me acompañó a lo largo de todo ese tiempo.

Mamá no tenía límites, era la más bailadora, la más fiestera, la más comelona... decía que si ella hubiera sido "artista", habría acabado con todas... Pero en 1999 su salud se fue deteriorando y su alegría apagando, se fue consumiendo como una velita, hasta que llegó el punto en que dejó de comer... Mi orgullo como hija es que pudo verme triunfar, que le di una buena vida y que al final, en mis brazos, me regaló su último aliento y yo lo aspiré.

A veces, al cruzar el pasillo de mi cuarto veo una foto en la que estoy con Viri y mi madre... época feliz, todas sonrientes... Mi madre alcanzó a ver a Alejandra con su vestido blanco, fue una boda preciosa en la que yo

Con Silvita, Stephanie, mi mamá y Alejandra.

organicé todo, desde la decoración de la casa hasta la comida. Recuerdo que me fui a dormir temprano y en la madrugada me despertaron gritos y carcajadas... Me asomé desde la ventana de mi habitación y vi a mi hija Ale que bailaba con mi mamá a todo lo que daba; mientras tanto, Farell (el novio) nadaba vestido en la alberca. Esa era mamá, quien nunca paraba y disfrutaba cada momento de la vida, su ejemplo marcó la mía.

Hoy puedo decirte que vivo plenamente, amo profundamente lo que hago, soy fiel a mis amigos y desconozco a mis enemigos, sé que alguno tendré, pero te juro que no guardo rencores.

Hace poco me llamó mi amiga Tina Galindo para invitarme a una comida con el doctor Gertz Manero, uno de quienes presentaron la denuncia que años antes me hizo huir de mi país por miedo a ser aprehendida. Quería invitarme a comer... Le llamaron "la comida de la reconciliación", fue en la Universidad de las Américas. En un principio yo no quería ir, el recuerdo de ese año fuera de mi país seguía siendo un verdadero calvario, y la injusticia de la que me acusaron, un acto muy feo. Pero al final fui acompañada por Tina, varios amigos más y algunos actores a cerrar un ciclo muy doloroso en mi vida.

Con mi mamá y Viridiana.

Con mi mamá.

Y CON EL NOMBRE LIMPIO... LA PINAL ESTÁ DE VUELTA

A tan solo unas semanas de haber regresado a México, me incorporé por completo al trabajo. Continuaba con las grabaciones de *Mujer, casos de la vida real* y al mismo tiempo acepté un papel protagónico en la telenovela *Carita de Ángel*, interpretando a la Madre Superiora Lucía, fue una comedia dirigida al público infantil. Nicandro Díaz, el productor, me llamó para convencerme; el papel de Madre Superiora lo interpretaba doña Libertad Lamarque, quien lamentablemente falleció mientras estaban en plenas grabaciones. Querían que yo hiciera un personaje distinto, no entraba a suplir a doña Liber, sino que era un papel nuevo: una superiora que llegaba al colegio de niñas. Total que acepté, escribieron aproximadamente 350 capítulos más a la historia, y ahí me tienes actuando como monjita. Para introducir mi papel a las niñas del internado y al público televidente, se le ocurrió a Nicandro una muy buena idea: llamar a Marga López, quien hizo una actuación especial, simulando que era la Madre Superiora de mayor jerarquía de la orden. De esa forma, Marga dio pie a la llegada de mi personaje, la madre Lucía, dentro de la telenovela. Cantaba varios temas musicales, algunas veces sola y otras acompañada de las niñas, entre ellos recuerdo con mucho cariño el de *Mi burrita*, un clásico de Pedro Infante.

Con Norma Herrera, Joaquín Cordero, Daniela Aedo y su compañerito de novela.

Con Alejandro Tommasi y compañeras de reparto.

En 2001 tuve una participación especial en la telenovela *Aventuras en el tiempo*, producida por Rosy Ocampo, y en 2007 debí rechazar la oferta para un papel estelar en *Amor sin maquillaje*. En verdad, ya no tenía tiempo, estaba ensayando la obra de teatro *Adorables enemigas*, de la que ya te platiqué, y al mismo tiempo seguía con las grabaciones de mi programa; estar en la telenovela habría significado no poder continuar con todo lo que hacía. Las grabaciones inician de madrugada y pueden postergarse hasta altas horas de la noche.

***

A principios de 2002 regresé a Estados Unidos, pero esta vez en condiciones completamente distintas a las de mi última visita a Miami. El consulado mexicano de Los Ángeles, a través de su cónsul, Marta Lara, y la presidenta de la Asociación femenina hispana, Marina Balladares, me organizaron un homenaje muy bonito y diferente de los que he recibido a lo largo de mi vida. Se les ocurrió hacer una exposición con artistas latinos a los que les pidieron que elaboraran cuadros con mi imagen, entre quienes se encontraban: Paty Álvarez, Mario Amaya, Marcelo Coronel, Luis Arturo Guevara, Óscar Hernández, Efrén Jiménez, Martha Muro, Juan Solís, Miranda Soto y José Villareal. El resultado me encantó, regresé a México feliz de constatar el cariño que las personas me tienen fuera de mi país. Me sentí muy afortunada.

Volví al cine en 2003, protagonizando la cinta *Ya no los hacen como antes*, una comedia deliciosa, dirigida por Fernando Pérez Gavilán, con Gonzalo Vega, Itatí Cantoral y Eduardo Santamarina. En ella interpreto a Genoveva, una mujer que tuvo una vida fantástica, plena, hasta que la pérdida de un ser muy querido la lleva a encontrarse con Benito, quien también acaba de quedarse viudo, y a su lado busca una segunda oportunidad de vida. La música de la cinta estuvo a cargo del maestro Armando Manzanero, le quedó preciosa.

Luego de algunos años de no estar en una obra de teatro regresé con el montaje *Debiera haber obispas* (2005), del dramaturgo mexicano Rafael Solana, bajo la dirección de José Solé y producido por Rubén Lara, con las actuaciones de Gustavo Rojo, Julio Alemán, Martha Ofelia Galindo, Isaura Espinoza, Rafael Rojas y Pompín III. Una comedia encantadora, en la que mi personaje, Matea, juega con la posibilidad que dentro de la Iglesia católica exista el cargo de obispa. La obra la realicé muchos años antes para la televisión, en los televiteatros. Don Rafael me hizo prometerle que algún día la interpretaría en teatro, lamentablemente él no pudo verme en escena con esta obra, murió unos años antes, en 1992.

Hablando un día con María Teresa Rivas, quien años antes había estado en esa misma obra, me contó que a las actrices que habían hecho el papel de Matea, don Rafael les regalaba un rebozo morado; lo mismo hizo con Ofelia Guilmáin, quien también la había protagonizado. Así que como ya no estaba Solana, me fui a comprar mi rebozo morado, como símbolo de la promesa que le había hecho de interpretar en un escenario a Matea y segura de que si él hubiera estado vivo, me habría regalado uno.

A finales de este mismo año (2005) viajé a España para recibir por parte de la Sociedad de Artistas, Intérpretes o Ejecutantes de España (AIE) a través de su presidente, mi amigo Luis Cobos, y de la Universidad de Alcalá, representada por su vicerrectora, la doctora María Dolores Cabañas, la distinción como miembro honorífico por mi trayectoria profesional y humana, así como por mi constante lucha a favor de la libertad de expresión. Durante el acto también fueron distinguidos Paloma San Basilio, Enrique Múgica, Antonio Fernández Díaz, el compositor Luis de Pablo, el músico de jazz Pedro Iturralde, Mihály Ficsor, Manuel Medina y el exrector de la Universidad de Alcalá, Manuel Gala.

***

En el marco del XXI Festival Internacional de Cine en Guadalajara (2006) recibí en el Teatro Diana, de manos de la embajadora de España en México, Cristina Barrios, la Orden de Isabel la Católica, en grado de

Luis Cobos, María Dolores Cabañas, Paloma San Basilio, Enrique Múgica, Antonio Fernández Díaz,
Luis de Pablo, Pedro Iturralde, Mihály Ficsor, Manuel Medina y Manuel Gala.

Con Jorge Carpizo.

Encomienda, distinción que se otorga para premiar aquellos comportamientos extraordinarios de carácter civil realizados por españoles y extranjeros que redunden en beneficio de España o contribuyan de modo relevante a favorecer las relaciones de amistad y cooperación entre este país y la comunidad internacional. Fue un gran honor recibirlo, me sentí identificada con el pueblo español, al que quiero y respeto; era como si en ese momento pusieran en mis manos una joya de la corona real.

El 22 de julio de 2006, tras luchar algunos años con el cáncer, murió Gustavo Alatriste en Texas, Estados Unidos, el padre de mi adorada Viri, con quien trabajé y realizamos tantos proyectos juntos. Gustavo fue una persona muy importante en mi vida, aunque tomé la decisión de separarme de él, fue un hombre a quien siempre admiré y quise. Todavía al andar por mi casa parece que algunos objetos me dicen: "Buenos días, Japonesa".

***

Mi programa de televisión inició en 2006 con una nueva modalidad, lo llamé *Mujer, casos de la vida real: la miniserie.* Dejó de transmitirse como unitario, pues se me ocurrió hacerlo en formato de miniserie. Un mismo caso duraba toda una semana, la transmisión era de una hora. Desde el principio mantuvimos el mismo tema instrumental para el programa, pero en 2005 introduje uno nuevo, "Mujer", compuesto por Eduardo Antonio, y en 2006 Ale, mi hija, interpretó una canción para el programa. En noviembre de 2007, después de 23 años de estar al aire, decidí cerrar la producción. Y la cerré feliz, durante todo el tiempo que estuvimos al aire mantuve muy buenos números de audiencia, fue uno de los programas más vistos en la historia de Televisa.

Mujer, casos de la vida real marcó un precedente y una nueva forma de hacer televisión en México, después surgieron nuevas series dramatizadas que de alguna forma intentaban hacer lo que yo realicé durante tantos años con mi programa. Fui la primera en hacerlo, en estos años he querido regresar con una nueva serie, pero a veces pienso que es mejor quedar como la primera, que competir contra malas copias.

2008, tuve una participación especial de 20 capítulos en la telenovela *Fuego en la sangre.* Fue una producción de Salvador Mejía, dirigida por

Miguel Córcega, con Adela Noriega, Eduardo Yáñez, Jorge Salinas, Diana Bracho, Guillermo García Cantú y Pablo Montero. Mi personaje era divino, se llamaba Santita, era una mujer liberal, que disfrutaba de la vida a tope y después de mucho tiempo se reencuentra con un amor de su juventud: Agustín, interpretado por mi amigo Joaquín Cordero. Fue una historia de amor preciosa, en la telenovela acabamos hasta en el altar.

Siempre estoy abierta a proyectos diferentes, la idea de iniciar un nuevo trabajo me gusta mucho. Situaciones que conllevan retos que al superarlos me hacen sentirme renovada. Por primera vez después de 60 años de carrera artística (2009) realicé el doblaje de voz para un filme hecho por Ánima Estudios, *El agente 00-P2*, una animación muy divertida. Hice a Mamá Osa, una malévola diva que pretendía congelar al planeta. Me divertí muchísimo grabando la voz de la caricatura y después ver el resultado final; escucharme hablando como esa osa gorda, espantosa, casi un general de caballería y creo que hasta borracha, fue simpatiquísimo. Es algo que me encantaría repetir, una experiencia que me gustó muchísimo.

En 2009 viajé a España para recibir, junto con Juan Luis Buñuel, hijo de don Luis, durante la XII edición del Festival Internacional de Cine en Málaga "El Premio de Oro" por *Viridiana*. Además del homenaje, proyectaron la cinta en el Teatro Cervantes de Málaga e inauguramos dos exposiciones dedicadas a Buñuel: "Él" y "El álbum fotográfico de la familia Buñuel". Es maravilloso que después de 50 años de haberse filmado mi película siga generando tantos premios.

Con Juan Luis Buñuel.

Dios aprieta, pero no nos suelta

Mi enana, una guerrera

Cuando todo parecía estar en calma, disfrutaba de mi trabajo y de los reconocimientos que me estaban haciendo, la vida o el destino, no lo sé, me cimbraron y me enfrenté nuevamente a un dolor espantoso… Alejandra, mi hija, tras someterse a un procedimiento estético, unas inyecciones que le pusieron en los glúteos, se puso muy grave. Inició para todos un calvario, pero principalmente para ella. Fue una etapa muy triste y dolorosa ver a mi hija, siempre tan alegre y llena de vida, atravesando por todo eso; era algo que no podía soportar, no podía verlo. La idea de perderla me aterraba, 30 años antes perdí a mi Viri, y ahora Alejandra en medio de todo esto. Dios no podía permitir que algo pasara.

Fueron casi tres años de lucha constante. Entradas y salidas del hospital, doctores que iban y venían prometiendo que tenían la solución; fue una experiencia dura y dolorosa. Traté de ser positiva para darle ánimos a mi enana y estar a su lado, aunque, la verdad, había veces en que prefería ausentarme un poco, no soportaba verla así. Mi hija sufriendo tanto, y yo poco podía hacer. Soy una mujer fuerte, me considero valiente, pero ver a mi hija en esa situación me rebasaba, te juro que me rompía el corazón…

Es una guerrera, no se dejó nunca, había ocasiones en las que se derrumbaba. El dolor físico era horroroso, la incertidumbre y la angustia de lo que podía pasar eran como puñaladas constantes, pero ella siempre estuvo animada y con esa actitud que tanto le admiro: la de quererse comer al mundo y disfrutar de cada momento. Creo que eso lo tenemos tanto mis hijas como yo, gran capacidad para reinventarnos, reponernos y luchar por la vida.

Pocas personas hubieran hecho lo que hizo Alejandra, tiene un corazón muy noble; respeto y admiro muchísimo la actitud que tuvo con la responsable del procedimiento estético que le originó toda esta infección que la tuvo tan mal. Decidió otorgarle el perdón, y el dinero que obtuvo como compensación por el daño que le hizo lo donó a una fundación para mujeres de escasos recursos con problemas de cáncer, para que, entre otras cuestiones, puedan solventar sus tratamientos de mastografía.

Hoy, gracias a Dios, al gran esfuerzo y a su constante lucha, Alejandra está bien, más fuerte que nunca. Cuando la veo, te juro que me dan ganas de llorar de alegría; mi enana es una mujer valiente que sabe luchar y salir adelante.

***

En 2010 regresé en forma a las telenovelas con el melodrama *Soy tu dueña*, una producción de Nicandro Díaz, con Lucero, Gabriela Spanic, Fernando Colunga, Sergio Goyri, entre otros. Mi papel me gustó muchísimo, interpreté a Isabel Rangel, una mujer fuerte pero al mismo tiempo muy amorosa. En la comedia tenía a una hija terrible, horrorosa, en verdad muy mala (Gaby Spanic) y a una sobrina que era una dulzura (Lucero). De esta telenovela guardo un grato recuerdo.

Con Sebastián Verti, Lucero, Gloria Funtanet, José Pablo Gamba y Lucero León.

SECRETARIA GENERAL
Y MUCHO MÁS...

Bajo el lema: "Una Anda para todos y por todos", me postulé en el año 2010 como secretaria general de la Asociación Nacional de Actores para el periodo 2010-2014; mi contrincante de campaña para el puesto fue don Ernesto Gómez Cruz. Y con 722 votos a mi favor, Humberto Elizondo, presidente de la Comisión Electoral de la Anda, anunció mi triunfo como nueva líder del Sindicato de Actores. Tomé posesión de mi cargo en el Teatro Jorge Negrete, y por primera vez en la historia de la ANDA casi todos los cargos ejecutivos estaban en manos de puras mujeres.

Al frente de la ANDA gestioné y firmé varios convenios, entre ellos uno con la Secretaría del Trabajo del Distrito Federal para que las empresas que contraten actores cubran todo lo que las leyes mexicanas marcan referente a cuotas de seguridad social. Con este acuerdo, el gremio artístico se ve beneficiado al contar con el apoyo de la ley. Me tocó aprobar los derechos de beneficio social a los cónyuges de los agremiados independientemente de su género o preferencia sexual. Durante esta gestión también presidí eventos muy dolorosos, como los homenajes luctuosos en el Teatro Jorge Negrete por la muerte de grandes amigos con quienes tuve el honor de trabajar, entre ellos Carmen Montejo, Joaquín Cordero, Julio Alemán, Irma Lozano y más.

En 2011 la Lotería Nacional para la Asistencia Pública emitió un billete conmemorativo por el aniversario de la ANDA como un órgano importante en la cultura de nuestro país y por ser un generador de talentos. Mi labor al frente de la ANDA fue demandante, pero en verdad disfruté una vez más tratar de velar por los intereses de los demás. A lo largo de mi vida he tenido la fortuna de estar en los lugares que quería, justo en los puestos donde puedo ayudar y servir tanto a la gente como a mis compañeros.

***

Llegó 2012 y también una experiencia inolvidable. Juan Osorio me invitó a participar en la telenovela *Una familia con suerte*, junto con mi hija Alejandra, quien cantaba el tema principal en la comedia. Cómo nos divertimos y a la par cómo me gustó volver a trabajar al lado de Ale. En la telenovela hizo un personaje muy parecido a quien es en la vida real, y yo, claro, representé a su mamá. Nos tocó hacer juntas escenas muy emotivas, y aunque mi participación fue breve, guardo un cariñoso recuerdo.

Y quería regresar al teatro, en verdad que tenía muchas ganas de hacerlo. Recibí varias ofertas para regresar a los escenarios, pero en realidad ninguna propuesta acababa por encantarme. Hasta que un día me llamó Francisco Franco para invitarme a ser parte de la obra *Amor, dolor y lo que traía puesto*, de Nora y Delia Ephron, basada en el libro de Ilene Beckerman, en el Teatro de los Insurgentes, bajo su propia dirección y

Con Francisco Franco.

Con Tina Galindo.

Con Mariana Treviño, Daniela Romo, Susana Zabaleta, Gabriela de la Garza y Diana Bracho.

con la producción de Tina Galindo y Claudio Carrera, dos personas a quienes también quiero mucho, y claro que acepté encantada, pues aparte de que admiro a Francisco, fue uno de los directores que trabajó conmigo en *Mujer, casos de la vida real*. Me divertí muchísimo en la puesta, éramos cinco mujeres en escena: Diana Bracho, Susana Zabaleta, Gabriela de la Garza, Mariana Treviño y yo. La puesta se mantuvo en cartelera desde 2012 hasta 2013, estuvimos de gira por muchos estados de la República. Mientras estábamos en León, Guanajuato, una amiga que nos acompañaba en esa plaza murió, Silvia Cantarell, promotora de artistas y espectáculos. Fue un momento muy doloroso, el único recuerdo triste y melancólico que tengo de esa obra.

Francisco Franco también me invitó en 2013 a la película *Tercera llamada*. Tenía 10 años de no trabajar en cine y la idea me gustó. En el filme interpreto a una delegada de lo peor, muy malhablada, que insulta a todo mundo. Un papel muy simpático, una sátrapa que se mete con todos y no da una en la vida, lo gocé a lo grande.

***

En 2013 conocí a mi gemela, es maravilloso contar con una, aunque sea de cera… Y no sabes lo honrada que me sentí cuando me propusieron realizar una escultura igualita a mí para el Museo de Cera. La elaboración tardó aproximadamente seis meses y el resultado me encantó. Decidí que me hicieran parecida a María Isabel, un personaje que amo y tantas satisfacciones me ha dado. Solo pedí una cosa: la estatua debía llevar el cabello rubio, aun cuando para la película usaba el cabello negro, la mayor parte de la gente me ubica como güera. Mi pelo natural es castaño oscuro, pero cuando filmaba *La mujer que yo perdí*, al lado de Blanca Estela Pavón y Pedro Infante, me pusieron una peluca horrorosa, me sentía un miembro de la corte de Luis XV, por lo que mejor decidí pintarme de rubia y así me quedé desde ese momento. Solo en dos ocasiones decidí teñirme el cabello de otro color; como ya te conté, para *María Isabel*, que me puse de morena, y para la obra *¿Qué tal, Dolly?*, en la que andaba de pelirroja.

El vestido largo de terciopelo café es igualito al que usé en la película, se lo di a mi modista para que hiciera una copia. Durante algunos meses mantuvieron mi escultura en el *lobby* principal del recinto, al lado de Michael Jackson y el presidente de México, Enrique Peña Nieto. Después la trasladaron a la sala de "Cine y televisión", en el propio museo, y la pusieron junto a dos personas que quise y significaron mucho en mi vida: don Mario Moreno *Cantinflas* y Pedro Infante, entre muchos otros.

***

Con plena satisfacción terminé a principios de 2014 mi periodo como secretaria general de la ANDA. Entregué el mando del sindicato en una ceremonia solemne a Yolanda Ciani. Por primera vez al acto asistió el Cuarto Batallón de Infantería del Ejército Nacional, que realizó honores a la bandera y entonó el Himno Nacional. En ese mismo acto, develé una placa conmemorativa en el Instituto Andrés Soler, la escuela de actuación de la ANDA. Durante mi gestión también reformamos los planes de estudio.

EL NUEVO TEATRO SILVIA PINAL

Y como ya habrás podido darte cuenta, nunca puedo estar quieta, constantemente estoy pensando cómo renovarme y busco nuevas metas para conseguirlo… Ya te conté antes de mi teatro, el Centro Cultural Diego Rivera, ubicado en la calle de Versalles 27, colonia Juárez, en la ciudad de México, cómo lo adquirí en 1991 y cómo a lo largo de estos años ha venido funcionando. Pero, como te decía, los tiempos cambian

y a mí me encanta estar siempre reinventándome, así que a mediados de 2014 tomé la decisión de remodelar completamente este espacio, un teatro por el que desde el momento que lo compré siento especial cariño, pero al que le urgía un cambio para reactivarlo y convertirlo en un foro de primer mundo.

Tras una inversión importante y varios meses de trabajo abrió sus puertas al público el Nuevo Teatro Silvia Pinal. Estoy feliz con todo lo que hice para remodelarlo, está precioso, tiene capacidad para más de 700 personas, un escenario tipo francés y ahora con todo el cambio de butacas, cortinas, luces y telón, quedó maravilloso; no le pide nada a ningún otro teatro. Ya sabes que me encanta innovar, y cómo no iba a hacerlo dentro de mi teatro, así que se nos ocurrió la idea de fusionar la cultura en este recinto y abrir durante todo el día, independientemente de que haya función o no, el vestíbulo del teatro para que en conjunto con Librería Porrúa podamos armar tertulias, charlas literarias, recitales; en fin, cualquier evento que fomente la cultura en nuestro país. Para hacer todo este nuevo concepto más cercano y agradable, cuenta con una cafetería que ofrece diferentes productos y servicios.

En el edificio anexo existe otro pequeño foro para cien personas y también las oficinas de mi querida Asociación Rafael Banquells. Y, claro, dentro de mis planes futuros está montar en este escenario una obra de teatro. Ya estoy leyendo varios libretos, las ofertas son muy variadas, y en verdad que casi todas ellas me encantan, pero sigo estudiando todas las propuestas. Quiero regresar con la mejor obra, una de esas comedias que me encantan y que me permitan constatar el cariño de mi público.

LA FAMILIA
DEL PEDREGAL...

Mi casa siempre ha sido hogar y refugio para todos:

Silvita, mi hija mayor, con mi nieta Stephanie; mis bisnietas, Michelle y Luz Camila.

Alejandra, con mi nieta Frida Sofía.

Luis Enrique, con mis nietas Giordana y Sherza.

Mis esposos han vivido en esta casa: Gustavo, Enrique y Tulio; todos, excepto Rafael.

Mi madre, a quien le mandé construir una pequeña casita en la parte de atrás del mismo terreno, donde vivió hasta sus últimos días. También sus hijas adoptivas.

Actualmente, Silvita ocupa la casa que fuera de mi mamá, y Luis Enrique, ya divorciado, vive en otra casa que hice aquí mismo para él.

Amo mi casa y lo que representa, quiero a mis amigos con los cuales celebro Navidad, fin de año y con cualquier pretexto nos reunimos aquí. La casa que también fue estudio para la planeación y elaboración de películas y que acogió, entre otros muchos, a mi querido don Luis Buñuel.

La casa que construí en el terreno que papá Pinal me sugirió y la cual levanté con mi trabajo, pero sobre todo con gran ilusión y amor. La Casa Pinal, que durante estos años alberga todas las historias que hoy te estoy contando…

MIS SECRETOS
Y ALGUNOS HECHOS CURIOSOS DEL ESPECTÁCULO, LA POLÍTICA Y MI VIDA

Del espectáculo

★ Soy de las pioneras de la televisión en México, también fui la primera en hacer un semidesnudo, claro que no fue a propósito: mientras bailaba se me rompió la parte superior de mi vestido. Era una transmisión en vivo, así que no pude hacer nada…

★ Cómo recuerdo las canciones que el maestro Juan García Esquivel *Batutita* me hacía semanalmente para mi programa de variedades que transmitíamos desde el Foro A, de Televisa, los domingos. Era sensacional como compositor. Imagínate, componer una canción original todas las semanas para el programa.

★ Estuve en casi todos los programas de variedades que se transmitieron en los años sesenta en la televisión mexicana, entre ellos recuerdo con gran cariño: *Los especiales de Silvia, Estudio Raleigh, Revista Musical Nescafé, Y ahora qué, TV, Festival Corona; Sorpresas* y *Automex*, en los que participé en la conducción y grabando *sketches*; bailaba, cantaba, a veces sola y otras a lado de grandes artistas o grupos, como don Pedro Vargas, Celia Cruz, Los hermanos Castro, Los Panchos y cómicos

Con Sergio Corona.

Con Raúl Astor.

muy talentosos y simpáticos: Jorge Ortiz de Pinedo, Xavier López *Chabelo*, Los Polivoces, Alejandro Suárez, Héctor Lechuga, el Chino Herrera, Sergio Corona, Memo Rivas, entre otros.

★ *Mujer, casos de la vida real*, primera serie que se transmitió durante más de 23 años ininterrumpidos.

★ *La dama de las camelias,* una radionovela con la que gané un premio como mejor actriz de radio por el personaje de Margarita Goutier.

★ Raúl Astor, "el gordo Astor", como lo llamábamos, con quien realicé programas de radio y luego se inició en la televisión mexicana conmigo, me hacía unos libretos maravillosos, era fantástico trabajar con él. Cómo recuerdo la serie *Solo para caballeros*, patrocinada por el Condominio Insurgentes, que gracias al programa vendieron en una semana todos sus departamentos.

★ *Ring, ring… llama el amor, Mame* y *La señorita de Tacna,* tres de mis obras consentidas. Esta última, con el honor de haber sido vista por su autor, el premio Nobel de Literatura, Mario Vargas Llosa.

★ Fui la primera en hacer un dueto cantando con Pedro Infante tras su fallecimiento. La idea se nos ocurrió a Miguel Sabido y a mí mientras estábamos grabando mi programa de variedades, mezclar nuestras imágenes utilizando las que tenían de él.

★ En la película *El teatro del crimen* (1956) cumplí dos grandes sueños que tenía: por un lado, hice un número musical al que le traía muchas ganas, *Pereza*, del maestro Juan García Esquivel, y por el otro, fue la primera vez que aparecí fotografiada a color en el cine.

Con Enrique Álvarez Félix.

★ Traté de comprar los derechos de las novelas *Mujeres de ojos grandes*, de Ángeles Mastreta, y *Las niñas bien*, de Guadalupe Loaeza, en 1995, para hacerlas telenovelas, pero desgraciadamente su precio era muy alto para la televisión. No hubo forma de pagarlas.

★ Nunca tuve oportunidad de trabajar en carpa como lo hizo Cantinflas, don Joaquín Pardavé o Palillo… me hubiera gustado, me quedé con ganas de hacerlo.

★ También me quedé con muchas ganas de hacer en teatro el papel de Evita. Pero los dueños de los derechos en México querían a una intérprete que no fuera tan famosa. Hice audiciones para conseguir el papel, pero desgraciadamente no pude obtenerlo, pensaban que la gente vería a la Pinal por encima de la Perón.

★ Nunca he tenido representante artístico, durante todos estos años yo me he encargado directamente de mi carrera, y es algo que digo con mucho orgullo.

De la política

★ Cuando estaba en campaña para la diputación, una famosa seudoperiodista, a la cual prefiero ni mencionar por su nombre, con todo el dolo del mundo me preguntó si yo sabía lo que significaba ser "representante popular". Claro que lo sabía y por supuesto que era distinto a ser artista, pues se requiere doble y triple entrega a la gente que representas. Significa tener los ojos bien abiertos y oídos para los demás, así como una disposición permanente, virtudes de las que lamentablemente ella carecía.

★ También me tocó ir varias veces al Cerro de la Estrella para platicar con la gente y conocer de viva voz sus necesidades y demandas. Era tal la pobreza en la que se encontraban, que algunos vivían en cuevas. Yo quería llegar a todos ellos, así que hasta a las cuevas me metí, el personal de protección civil me lo prohibía, pero yo no les hacía ningún caso. Mi trabajo era precisamente ese, escuchar a las personas.

★ Toda la vida cuidando mi figura y un día, haciendo proselitismo político, se me ocurrió decir que me gustaba el mole: ¡qué rico es este platillo típico! Dios mío, nunca lo hubiera dicho, todo el día me invitaban a comer; me empaqué todo el mole verde del mundo, en los desayunos, comidas y cenas.

★ Había días que no podía ni regresar a mi casa a dormir, eran sesiones de 30 horas de trabajo, así que para recuperarme un poco se me ocurrió la idea de meterme a escondidas al área del servicio médico a dormir a ratos. Y que me cachan, al rato ya éramos tres o cuatro mujeres descansando, ja, ja.

★ Algo curioso que me pasaba mucho en campaña era que tras tocar las puertas de las casas, se abrían y la gente no podía creer que era la Pinal quien los visitaba. Me recibían muy bien, me sentía tan afortunada de constatar el cariño que la gente me tenía.

★ Durante el homenaje en 2013 que me hizo el Partido Revolucionario Institucional (PRI) por mi trayectoria política, como parte de mi discurso dije las siguientes palabras:

> "He recibido reconocimientos de agrupaciones teatrales, civiles; recompensas que le han dado aliento y estímulo a mi quehacer en los escenarios, pero esta es la primera vez que mi vida tiene otro sentido, en los compromisos con la sociedad y en mi inquietud por la política".

Qué orgulloso habría estado papá Pinal si hubiera visto este homenaje. Era un hombre que amaba la política, y a través de su ejemplo y vida me enseñó lo apasionante que es este mundo.

★ Para recibir el premio que me otorgó el gobierno español, la Encomienda de la Orden de Isabel la Católica en 2006, tuve que gestionar un permiso por parte del gobierno mexicano para aceptarlo.

De mi vida

★ Uno de mis mayores pasatiempos es el esquí acuático, durante muchísimo tiempo lo practiqué, principalmente en las playas de Acapulco, un lugar mágico al que siempre me he sentido unida.

★ A lo largo de mi carrera he participado en un sinnúmero de anuncios publicitarios, pero recuerdo con especial cariño uno: fui contratada por una compañía vinícola para realizar un comercial en el que brindaba diciendo: uva. A los pocos meses fui invitada a un acto que presidía el entonces presidente de México, López Mateos, al verme llegar don Adolfo levantó su copa y mirándome simpáticamente repitió el célebre brindis: "Silvia, uva".

★ La costura ha sido también otro de mis grandes pasatiempos, soy tan buena en ello que alguna vez hasta el telón del escenario del teatro donde nos presentábamos lo hice yo. Como ya te conté, actué y produje, junto con Rafael Banquells, la obra *La sed*, al lado de Ernesto Alonso y Pedro López Lagar. Rafael decía que no había presupuesto para el telón de fondo y yo no podía permitir un estreno sin él, así que entre ensayo y ensayo me dediqué a confeccionarlo.

★ No me canso de contemplar los retratos que me han hecho. Adoro mi cuadro de Diego y el de Guayasamín, de los que ya te platiqué a lo largo de este libro. Pero también tengo otros dos que me encantan, uno que está en mi casa del Pedregal sobre la pianola que utilizamos durante la filmación de *María Isabel*, que pintó Chávez Marión, en el que visto un atuendo blanco y llevo varias pulseras, y otro del reconocido artista mexicano, el General Beteta, un desnudo en colores sepia, que actualmente tengo en mi departamento de Acapulco.

★ Nunca olvidaré la última vez que visité a don Luis Buñel en el hospital. Una escena que a la fecha me sigue provocando mucha ternura y me parte el corazón. Fui a verlo, él ya se encontraba mal, ya reconocía muy poco. Al entrar a la habitación, lo vi acompañado de un sacerdote, el padre Julián, don Luis me dijo: "Señorita Viridiana, ¿cómo ha estado? La veo muy bien, está usted muy guapa…" A los pocos días murió, fue la última vez que lo vi.

★ Algo parecido me pasó cuando fui a Argentina a filmar *Pubis angelical* (1982). Antes de salir de México hice varias gestiones para llevarle a Tulio Demicheli un dinero que sabía le debían por derechos de sus

películas, la verdad es que me costó trabajo lograr que me lo dieran para entregárselo, pero al final lo conseguí. Y cuál sería mi sorpresa al llamarlo por teléfono una vez que estuve en Buenos Aires: "Silvia, estoy muy enfermo. No salgo de casa, y en estas condiciones no quiero que me veas…"

Con Tulio Demicheli.

Hablamos poco. Como siempre, fue muy cariñoso, pero algo en mí me hizo saber que se estaba despidiendo… A los pocos días murió, la noticia me dolió mucho y no tuve más remedio que dejarle el dinero en Argentores, para que se lo entregaran a su hijo.

★ Unos meses antes de la muerte del Güero estuvimos a punto de ahogarnos mi amiga la Gorda, el Güero, Roberto (su amigo con quien se mató en aquel fatal accidente aéreo) y yo. Eran como las siete de la tarde, empezaba a oscurecer, estábamos esquiando en Acapulco, cuando nuestra lancha se quedó atorada entre las piedras y la marea empezó a subir. Gracias a Dios, un barco nos vio a lo lejos y nos rescató. Quién iba a pensar que muy poco tiempo después el Güero y Roberto fallecerían. Cómo es de caprichoso el destino.

★ Siempre asistí a todos mis compromisos, solo quedó una cita pendiente con Raúl Balleres, un hombre muy simpático y encantador a quien conocí y traté en el puerto de Acapulco. Una noche después de cenar nos despedimos con la promesa de que me llamaría en cuanto llegara al Distrito Federal… el teléfono nunca sonó, lamentablemente murió al día siguiente en un accidente automovilístico en la Autopista del Sol.

★ 2015 ha sido para mí un año de pérdidas irreparables, mi querio amigo el Lic. Jacobo Zabludovski, a quien admiré siempre y que, por cierto, iba a honrarme con la realización de uno de los prólogos de este libro. Y el gran actor egipcio Omar Sharif, con quien mantuve una relación corta pero preciosa; un hombre muy guapo, inteligente y culto. Entre otras cualidades, hablaba cinco idiomas y besaba delicioso, además tenía una de las miradas más fuertes y profundas que me he encontrado. Lo conocí en Europa, poco después de que filmara *Doctor Zhivago*, escrita por el ruso Boris Pasternak, novela que le valió el Nobel de Literatura.

★ Hice viajes inolvidables y preciosos, algunos de ellos con amigos como la Gorda, con Juan José, en el que aproveché para despedirme de Sara Montiel quien falleció poco después, y Elsy Jiménez (la Polla). En un viaje a España yo gritaba: ¿dónde está la Polla? Y todos se reían de mí, no sabía qué pasaba. Después me enteré qué significaba el apodo de mi amiga, ja, ja.

★ Tuve un negocio de cosméticos llamado JENESSE, en el que vendíamos todo tipo de productos de belleza. En principio, la idea fue buenísima, era la pionera en México haciendo venta de productos a través de catálogos; tenía un equipo de cincuenta mujeres que trabajaban conmigo y visitaban las casas de nuestras clientas para vender los cosméticos. Me sentía muy orgullosa de ayudar a las personas que trabajaban conmigo y a sus familias. Luego traté de venderlo en tiendas departamentales, y fue cuando los descuentos ya no nos dieron. El negocio se volvió muy complicado; entre los descuentos, las devoluciones y la gran cantidad de mercancía que requerían para hacer la distribución nacional de la línea... mejor decidí quitarlo.

★ Nunca olvidaré una de mis giras en la ciudad de Monterrey, NL... eran cerca de las 6 de la mañana, cuando la alarma de incendio del hotel comenzó a sonar. No me dio tiempo de cambiarme de ropa, tomé mi bolsa y en pijama, corrí como una loca por las escaleras de emergencia para salir del hotel. A mi lado Alfredo Palacios, mi amigo de toda la vida. Y cuál sería nuestra sorpresa que al estar en la calle nos topamos con varios fotógrafos... al día siguiente al volver la ciudad de México recibí en mi casa un periódico de circulación nacional dedicado exclusivamente a tratar la nota roja. En la portada, Alfredo y yo con mi pijama, asustadísimos. Al verlo no podía parar de reír.

★ Durante mi vida he recibido muchos premios, pero el mayor de mi vida han sido mis cuatro hijos. Si pudiera relacionarlos con mis reconocimientos, diría que Silvita sería mi primer premio, Viridiana mi

Con Silvita, Alejandra y Luis Enrique.

Palma de Oro, Alejandra mi Ariel de Oro y Luis Enrique la Medalla de la Encomienda Isabel la Católica, por ser el único varón en la familia.

Antes de decirte hasta luego, te mencionaré que he tenido la fortuna de haber obtenido más de 150 premios, como Mr. Amigo y La mujer del año, recibidos en 1999 y 2000, respectivamente; el Ariel de Oro en 2008 y la Diosa de Plata en 2009, por mi trayectoria artística. La dicha que muy pocos tienen de que se cancelara un timbre postal especial en el estado de Guerrero, como homenaje a mi trayectoria; las Llaves de la Ciudad de Taxco de Alarcón, el premio a la Trayectoria Humanista, el premio Luis Buñuel, la Encomienda Isabel la Católica, el premio Arte y Derecho en Libertad, otorgado por la Asociación de Intérpretes Españoles; dos estatuas: una en Guaymas, Sonora, y la otra en la explanada de la delegación Benito Juárez; Embajadora de las mariposas monarcas, en Zitácuaro, Michoacán. Arieles, Diosas de Plata y muchísimos otros, todos muy queridos pero, sin duda, mi consentido: la Palma de Oro, por la película *Viridiana*.

Medalla
Encomienda Isabel la Católica.

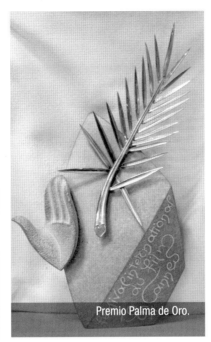

Premio Palma de Oro.

Mi estatua en la delegación
Benito Juárez.

Algunos de mis premios.

Al final, he vivido con la certeza de la que habla aquel escritor español, Marañón: "Vivir no es sólo existir, sino también existir y crear, saber gozar y sufrir, y no dormir sin soñar..." Ésta es la primera vez que hablo abiertamente sobre mi vida, mi trabajo, mis hijos, mis amores, mis amigos, lo que disfruto, pero también del dolor y las pérdidas que he sufrido; y como te dije al principio de este libro, la primera vez es la más difícil, la que más nos cuesta, la que nos atemoriza y nos hace poner un doble empeño, pero también la que nos marca para siempre y nunca se olvida...

Esta soy yo,
tu amiga

Silvia Pinal.

CRÉDITOS

Archivo personal Silvia Pinal: fotografías páginas 4, 6, 7, 8, 9, 10, 11, 12, 14, 15, 16, 17, 18, 20, 23, 28, 29, 30, 32, 35, 36, 40, 47, 48, 50, 52, 53, 58, 59, 67, 71, 72, 73, 80, 83, 84, 87, 94, 100, 101, 108, 111, 112, 121, 125, 128, 130, 131, 132, 134, 137, 138, 150, 151, 152, 153, 154, 155, 156, 157, 161, 167, 176, 177, 178, 179, 181, 183, 190, 193, 197, 198, 199, 200, 201, 202, 203, 205 (parte superior e inferior), 206, 207, 208, 209, 210, 211, 213, 215, 217, 218, 221, 224, 225, 231, 232, 233, 237, 238, 239, 245, 247, 249, 250, 251, 252, 253, 254, 255, 256 (parte inferior), 259, 260, 264, 265, 266, 267, 268, 271, 272, 273, 274, 276, 277, 278, 279, 280, 281, 282, 284, 285, 286, 288, 289, 290, 291, 292, 294, 295, 296, 299, 300, 302, 303, 304, 305, 306, 307, 308, 311, 312, 313, 314, 315, 316, 317, 318, 319, 320, 321, 322, 323, 326, 327, 328, 330, 333, 336, 337, 338, 339, 342, 343, 345, 347, 348, 349, 358, 367, 368, 370, 371, 372, 373, 374, 375, 376, 377 A.N.I.*

Archivo personal Gloria Elías Calles de Cantón: fotografías páginas 65, 97, 236, 246, 331, 332, 334, 335, 352 (lado derecho).

Archivo personal Mónica Marbán: fotografías páginas 244 y 269.

Archivo personal Tina Galindo: fotografías páginas 352 (lado izquierdo) y 353.

Fotografías tomadas por Editorial Porrúa: páginas 122, 123, 203 (parte superior), 350, 354, 355, 356, 369.

Fotografía página 14, en mitin político: Espinosa Fotógrafo.

Fotografía página 17, en Primera Comunión: Foto Roch. A.N.I.

Fotografía página 22: Foto Eugenia Rendón. A.N.I.

Fotografía página 34: fotograma tomado de la telenovela *Los caudillos*. Productor Ernesto Alonso, Televisa.

Fotografía página 43: fotograma tomado de la película *Bamba*. Producción Hispano Continental Films, Miguel Contreras Torres. Dirección Miguel Contreras Torres, 1948.

Fotografía página 44: Rays. A.N.I.

Fotografía página 46: fotograma tomado de la película *Puerta, joven*. Producción Posa Films Internacional, Jacques Gelman y Santiago Reachi. Dirección Miguel M. Delgado, 1949.

Fotografías páginas 26 y 49: fotograma tomado de la película *El rey del barrio*. Producción As Films, Felipe Mier. Dirección Gilberto Martínez Solares, 1949.

Fotografía página 54: fotograma tomado de la película *El amor no es ciego*. Producción CLASA Films Mundiales, Salvador Elizondo. Dirección Alfonso Patiño Gómez, 1950.

* Autor No Identificable.

Fotografía página 55: fotograma tomado de la película *La marca del zorrillo*. Producción AS Films, Felipe Mier. Dirección Gilberto Martínez Solares, 1950.

Fotografías páginas 56 y 57: fotograma tomado de la película *Recién casados, no molestar*. Dirección Fernando Cortés, 1950.

Fotografía página 61: fotograma tomado de la película *La estatua de carne*. Producción Filmex, Gregorio Walerstein. Dirección Chano Urueta, 1951.

Fotografía página 62: fotograma tomado de la película *Me traes de un ala*. Producción Filmex, Gregorio Walerstein. Dirección Gilberto Martínez Solares, 1952.

Fotografía página 63: fotograma tomado de la película *Doña Mariquita de mi corazón*. Producción Filmex, Gregorio Walerstein. Dirección Joaquín Pardavé, 1952.

Fotografía página 63: fotograma tomado de la película *El casto Susano*. Producción Filmex, Gregorio Walerstein. Dirección Joaquín Pardavé, 1952.

Fotografía página 64: fotograma tomado de la película *Un rincón cerca del cielo*. Producción Filmex, Gregorio Walerstein y Antonio Matouk. Dirección Rogelio A. González.

Fotografía página 66: fotograma tomado de la película *Me traes de un ala*. Producción Filmex, Gregorio Walerstein. Dirección Gilberto Martínez Solares.

Fotografías páginas 69, 70 y 71 (superior), fotografías de la obra teatral *Anna Christie*, 1955. Navarrete México.

Fotografía página 74: fotograma tomado de la película *Si volvieras a mí*. Producción Filmex, Gregorio Walerstein. Dirección Alfredo B. Crevenna, 1953.

Fotografías páginas 76 y 77: fotograma tomado de la película *Reventa de esclavas*. Producciones Tuxpan para Filmex, Gregorio Walerstein. Dirección José Díaz Morales, 1953.

Fotografía página 78: fotograma tomado de la película *Yo soy muy macho*. Producciones Tuxpan para Filmex, Gregorio Walerstein. Dirección José Díaz Morales, 1953.

Fotografías páginas 74 y 79: fotograma tomado de la película *Las cariñosas*, producciones Mier y Brooks, Felipe Mier y Oscar J. Brooks. Dirección Fernando Cortés, 1953.

Fotografías páginas 81, 82 y 99: fotograma tomado de la película *Un extraño en la escalera*. Producción Filmex, Gregorio Walerstein. Dirección Tulio Demicheli, 1954.

Fotografías páginas 85 y 86: fotograma tomado de la película *La sospechosa*. Producción Constelación, Alberto Gout. Dirección Alberto Gout, 1954.

Fotografía página 88: fotograma tomado de la película *Cabo de hornos*. Producción Mier y Brooks, Felipe Mier y Oscar J. Brooks. Dirección Tito Davison, 1955.

Fotografías páginas 89, 90 y 91: fotograma tomado de la película *El inocente*. Producción Matouk Films, Antonio Matouk y Oscar Dancigers. Dirección Rogelio A. González, 1955.

Fotografía página 92: fotograma tomado de la película *El vendedor de muñecas*. Producción Cinematográfica Latina, Adolfo Lagos. Dirección Chano Urueta, 1954.

Fotografía página 93: fotograma tomado de la película *Locura pasional*. Producción Astro Films Mundiales, Jorge de la Vega. Dirección Tulio Demicheli, 1955.

Fotografía página 95: fotograma tomado de la película *Historia de un abrigo de mink*. Producción CLASA Films Mundiales, Armando Orive Alba. Dirección Emilio Gómez Muriel, 1954.

Fotografía página 96: A.N.I.

Fotografías páginas 102 y 129: Otero, México. A.N.I.

Fotografía página 106: Foto Semo, México. A.N.I.

Fotografías páginas 113 (parte superior) y 115: fotograma tomado de la película *Mi desconocida esposa*. Producción Alameda Films, Alfredo Ripstein. Dirección Alberto Gout, 1955.

Fotografía página 113 (parte inferior): fotograma tomado de la película *La adúltera*. Producción Filmadora Mexicana, Jorge Vidal. Dirección Tulio Demicheli, 1956.

Fotografía página 114 (parte superior): fotograma tomado de la película *Viva el amor*. Producción CLASA Films Mundiales, Armando Orive Alba. Dirección Mauricio de la Serna, 1956.

Fotografía página 114 (parte inferior): fotograma tomado de la película *La dulce enemiga*. Producción Mier y Brooks, Felipe Mier y Oscar J. Brooks. Dirección Tito Davison, 1956.

Fotografías páginas 116, 119 y 120 tomadas del libro *Teatro Diego Rivera*, 1991, por García, México. A.N.I.

Fotografía página 122 reproducción del cuadro pintado por Diego Rivera. D.R.© 2015 Banco de México, Fiduciario en el fideicomiso relativo a los museos Diego Rivera y Frida Kahlo. Av. 5 de Mayo, núm. 2, colonia Centro, Cuauhtémoc, 06059, México, DF.

Fotografías páginas 124, 126 y 127: fotograma tomado de la película *Préstame tu cuerpo*. Producción Producciones México, Emilio Tuero. Dirección Tulio Demicheli, 1957.

Fotografía página 139: fotograma tomado de la película *Una cita de amor*. Producción Cinematográfica Latino Americana y Unipromex. Dirección Emilio Fernández, 1956.

Fotografías páginas 140 y 150 (inferior izquierda). Montoya. A.N.I.

Fotografías páginas 142 y 143: fotograma tomado de la película *Charleston*. Producción Francisco Balcázar (España) y Gonzalo Elvira (México). Dirección Tulio Demicheli, 1959.

Fotografía página 144: fotograma tomado de la película *Pan, amor y Silvia*. Producción Emo Bistolfi. Dirección Giorgio Bianchi, 1959.

Fotografías páginas 145 y 146: fotograma tomado de la película *Maribel y la extraña familia*. Producción Tarfe Films, As Films. Dirección José María Forqué, 1960.

Fotografía página 148: fotograma tomado de la película *Adiós,*

Mimí Pompón. Producción CEA-Tarfe Films. Dirección Luis Marquina, 1960.

Fotografías páginas 158, 163, 164, 166 y 168: fotograma tomado de la película *Viridiana*. Producción Gustavo Alatriste (México) UNICINI-Films 59, Pedro Portabella (España). Dirección Luis Buñuel, 1961.

Fotografías páginas 159 y 161 (superior), Servicios de Prensa de UNICINI-Films.

Fotografías páginas 172, 173 y 174: Fotograma tomado de la película *El ángel exterminador*. Producción Gustavo Alatriste. Dirección, Luis Buñuel, 1962.

Fotografía página 175: A.N.I.

Fotografía página 180: fotograma tomado de la película *Simón del desierto*. Producción Gustavo Alatriste. Dirección Luis Buñuel, 1964.

Fotografía página 182: fotograma tomado de la película *Los cuervos están de luto*. Producción Sagitario Films, Francisco del Villar. Dirección Francisco del Villar, 1965.

Fotografías páginas 184 y 185: fotograma tomado de la película *Juego peligroso*. Producción César Santos Galindo y Alfredo Ripstein Jr. Dirección Arturo Ripstein y Luis Alcoriza, 1966.

Fotografías páginas 186, 187 y 188: fotograma tomado de la película *La soldadera*. Producción Producciones Marte. Dirección José Bolaños, 1966.

Fotografías páginas 191 y 192 (parte superior): fotograma tomado de la película *Shark, un arma de dos filos*. Producción Skip Steloff y Mark Cooper (Estados Unidos) Cinematográfica Calderón, José Luis Calderón (México). Dirección Samuel Fuller, 1967.

Fotografía página 192 (parte inferior): fotograma tomado de la película *Los cañones de San Sebastián*. Producción CIPRA, Jacques Bar (Francia), Filmes (Italia), Películas Ernesto Enríquez (México). Dirección Henri Verneuil, 1967.

Fotografías páginas 194, 195 y 196: fotograma tomado de la película *María Isabel*. Producción Películas Rodríguez y Producciones Guillermo de la Parra. Dirección Federico Curiel, 1967.

Fotografía página 204: Otero.

Fotografía página 205 (parte inferior): fotograma tomado de la película *La hermana trinquete*. Producción Producciones Zacarías, Miguel Zacarías. Dirección René Cardona Jr., 1969.

Fotografía página 209: Otero.

Fotografía página 212 (parte inferior): fotograma tomado de la película *Secreto de confesión*. Producción Filmadora Chapultepec, Pedro Galindo. Dirección Julián Soler, 1970.

Fotografías páginas 220, 222, 226, 227 y 242: Bisuet.

Fotografías páginas 228 y 229: fotograma tomado de la película *Divinas palabras*. Producción Conacine. Dirección Juan Ibáñez, 1977.

Fotografías páginas 220 y 230: Herminia Dosal.

Fotografía página 234: Somonte.

Fotografías páginas 240 y 241: fotograma tomado de la película *Carlota. Amor es… veneno*. Producción Lotus Films Internacional (Madrid) y Primex (Roma). Dirección Stefano Rolla, 1981.

Fotografía página 256 (superior): foto de la Vega.

Fotografías páginas 324 y 340: Uriel Santana.

ÍNDICE